어떻게 기도할 것인가

How to Pray
by E. Stanley Jones

Copyright © 2017 by E. Stanley Jones Foundation
All right reserved.

Commentary by Tom Albin © Upper Room Books. "Keeping a Prayer Journal"
© 2012 by Tom Albin. Used by permission.

Korean Translation Copyright © 2017 by Haneul Christian Books House
Korean language edition published by arrangement with Upper Room Books.

이 한국어판의 저작권은 Upper Room Books와 독점 계약한 하늘기획에 있습니다.
신저작권법에 의하여 한국 내에서 보호받는 저작물이므로 무단 전재와 무단 복제를 금합니다.

어떻게
기도할
것인가

E. 스탠리 존스 지음 · 톰 앨빈 주석 / 임신희 옮김

만약 교회를 이루기 위한 목적으로 내게 딱 하나의
재능만 주어진다면, 나는 기도의 재능을 요청할 것이다.
모든 것이 기도에서 시작되므로

– 스탠리 존스

서문

『어떻게 기도할 것인가』는 1943년에 초판이 발행되었다. 그 후 몇 십 년을 거치는 동안에도 스탠리 존스의 영향력은 여전히 계속되고 있으며 오늘날에도 분명하고 강력하게 우리에게 말을 걸고 있다. 나는 그의 원 텍스트에 주석을 다는 영광을 누리게 되었다. 이 작은 책에서 당신은 스탠리 형제의 글과 함께 그가 말하고자 하는 요점에 대해 더 깊이 탐구할 수 있게 하는 내 묵상과 제언들을 각 장의 마지막에서 만날 것이다. 나는 독자들이 이 책을 통해 정보를 얻는 것에서 나아가 변화를 경험하기를, 그저 통찰력을 얻는 것에서 발전하여 그 통찰을 적용하기를 바라며 그것을 돕고자 한다.

누구나 기도에 관해 알고 있지만 아는 만큼 기도를 실제로 하고 있는지는 모르겠다. 기도에 관한 독서와 공부는 정보를 얻고 이해하게 하지만, 묵상과 영적 훈련은 변화와 영적 성숙으로 이끈다.

E. 스탠리 존스는 남녀, 어린이와 어른 구별 없이 모두 예수 그리스도의 독특한 인격과 임재를 알고 경험하게 되기를 깊이 열망했다. 그 일은 인생을 변화시키는 기도의 훈련으로 이루어질 것이다. 이는 내가 바라는 것이기도 하다.

나는 사람들이 기도하기를 배울 수 있으며, 실제로 성령이 기도의 교사가 되신다고 확신한다. 그 점은 스탠리 형제도 동의할 것이다. 당신에게 이 책이 성령의 도움을 받아 그리스도 안에서 하나님을 알고 경험하는, 즉 은혜의 수단이 되기를 소망한다. 그러한 내 확신은 바로 예수 그리스도의 약속에 기인하기 때문이다.

- 그러나 내가 너희에게 실상을 말하노니 내가 떠나가는 것이 너희에게 유익이라 내가 떠나가지 아니하면 보혜사가 너희에게로 오시지 아니할 것이요 가면 내가 그를 너희에게로 보내리니(요 16:7).

• 그러나 진리의 성령이 오시면 그가 너희를 모든 진리 가운데로 인도하시리니 그가 스스로 말하지 않고 오직 들은 것을 말하며 장래 일을 너희에게 알리시리라 그가 내 영광을 나타내리니 내 것을 가지고 너희에게 알리시겠음이라. 무릇 아버지께 있는 것은 다 내 것이라 그러므로 내가 말하기를 그가 내 것을 가지고 너희에게 알리시리라 하였노라(요 16:13-15).

—톰 앨빈 Tom Albin

어퍼룸 미니스트리즈 학장

차례

서문 •6

들어가는 글 •9

1_ 기도란 무엇인가 •13

2_ 기도를 언제 어디에서 할 것인가 •25

3_ 기도의 단계 •39

4 스탠리 존스의 기도문 •63

5_ 스탠리 존스의 간략한 영적 전기 •83

그리스도인의 영적 일기 •99

들어가는 글

스탠리 존스 가족은 시대를 넘어 분명한 메시지를 던져주는 영감이 가득한 책, 『어떻게 기도할 것인가』를 복간해주신 어퍼룸북스 Upper Room Books 출판사에 감사드립니다. 스탠리 존스는 깊은 기도의 사람이었으며, 자신의 체험에서 우러난 글을 썼습니다. 그는 날마다 하루 2시간씩 기도를 하였는데, 아침과 저녁 각 1시간씩을 기도에 할애하였습니다. 누구도 그 무엇도 하나님과의 대화 시간에서 그를 떼어놓지 못했습니다. 존스는 삶이라는 커리큘럼에서 기도가 선택과목이 될 수 있다고 생각지 않았습니다. 기도는 인생에서 필수과목이었지요. 그는 『승리하는 삶 : 364일간의 경건의 기록 Victorious Living: 364 Daily Devotions』에서 다음과 같이 적고 있습니다.

제일 먼저 해야 할 훈련은 기도의 습관을 갖추는 일이다. … 특정한 시간과 장소에 구애되지 않고 언제 어디서나 하나님을 만날 수 있다는 말에 농락당하지 말라. 언제든지 하나님을 만날 수 있으려면 먼저 정해 둔 시간에 하나님을 만날 수 있어야 한다. 그리고 어디서나 하나님을 찾을 수 있으려면 먼저 특정한 장소에서 하나님을 찾는 방법을 배워야 한다. 그 정해 둔 시간과 장소가 특별한 기도의 시간과 특별한 기도의 장소가 될 것이다.(9주째 수요일)

당신이 하나님의 뜻에 당신의 의지를 맞추려고 할 때, 당신에게 주는 하나님의 말씀을 듣고자 할 때, 그리고 인생에 개입하시는 하나님을 경험하고자 할 때,『어떻게 기도할 것인가』는 '특정한 시간'과 '특정한 장소'에서 날마다 기도하는 습관을 만드는 단계를 알려주고 실천할 수 있도록 도울 것입니다

어퍼룸 미니스트리의 학장인 톰 앨빈 목사의 주석은 이 책을 더욱 은혜롭게 합니다. 톰은 현재 북미지역 기독교 아슈람$^{North\ American\ Christian\ Ashrams}$의 이사로 섬기고 있습니다. 인도에 있던 스탠리 존스에서 시작된 이 영성 운동은 현재는 그 영향력이 전 세계에 미치고 있습니다. $^{www.Christianashram.org\ 참조}$존스는 기도가 하나님과 인격적 관계를 맺기 원하는 우리의 본성적

인 욕구에서 흘러나오며 그 욕구에서 나온 기도가 인생을 바꾼다는 것과 기도가 하나님과의 쌍방의 소통이라는 점을 잘 알았습니다.

이 책을 읽는 당신은, 20세기의 선지자로 평생 6만 번의 설교를 하고 28권의 책을 저술했으며 수도 없이 많은 글을 남긴 E. 스탠리 존스를 만나게 될 것입니다. 그의 '공개적인 비밀'은 다름 아닌 예수 그리스도, 하나님의 말씀이 인간으로 오신 분입니다. 그리스도와의 인격적 관계는 기도에서 시작됩니다! 그 여정에 당신을 초대합니다.

— 앤 매튜스 유네스 Anne Mathews Younes

E. 스탠리 존스의 손녀이자 E. 스탠리 존스 재단 이사장

스탠리 존스에 대한 정보는 다음 웹사이트에서 찾을 수 있다.

www.estanleyjonesfoundation.com

이 재단은 스탠리 존스가 평생 예수님을 주로 선포했던 설교와 가르침과 수많은 글로 수백만의 사람들을 충만하게 했던 그의 유산을 보존하고 알리는 작업에 전념하고 있습니다.

기도란 무엇인가?

1

제자들은 예수님께 이렇게 물었다. "주님, 우리에게 기도하는 법을 가르쳐주소서." 이 질문은 인간의 깊은 곳에서 올라오는 가장 보편적인 내면의 외침 중 하나이다. 어느 시대나 사람들은 기도가 종교의 정수임을 본능적으로 느꼈다. 기도하는 법을 안다면 신앙인이 되는 방법을 아는 것이다. 만약 그러지 못하다면 종교는 덮어두고 읽지 않는 책이나 마찬가지가 될 것이다. 기도 생활이 잘 이루어지지 않아 기도의 효과를 얻지 못한다면 종교의 심장은 뛰기를 멈출 것이고, 종교는 형식과 관행 그리고 신조로만 이루어진 죽은 몸이 될 것이다.

하지만 효과적인 기도 생활을 누리고 있는 그리스도인들(많은 목회자를 포함하여)이 얼마나 적은지! 현대의 기독교에서 가장 부족한 것이 무엇인지 지적해보라고 한다면 나는 주저하지 않고 평신도와 목회자들의 무력한 기도 생활을 가리킬 것이다.

교회를 위한 은사 중에서 내게 오직 한 가지 은사만이 허락된다면, 나는 기도의 은사를 요청할 것이다. 모든 것이 기도에서 나오기 때문이다. 기도는 삶 전체에 활력을 준다. 나는 기도를 더 하고 덜 하는 것에 따라 나 자신이 더 나은 사람이 되었다 말았다 하는 경험을 실제로 체험했다. 내 기도 생활이 가라앉을 때면 내 삶도 그처럼 전반적으로 가라앉았으며, 기도 생활이 활기찰 때면 내 삶의 전반도 함께 활기찼다 이 책에서 내가 실패라고 할 때 그 의미는 이러한 기도 생활의 실패를 말한다. 기도에서 성공한다면 다른 모든 것에서도 성공한다는 의미가 된다.

우리는 기도 하는 중에 영적 전쟁의 승리와 패배를 경험한다. 기도는 인생이라는 교과에서 필수과목이다. 선택할 수 없다. 우리는 기도 없이는 인생이라는 학교를 졸업할 수 없다.

누구나 기도가 주는 가치에 대해서는 어느 정도 알고 있을 것이다. 문제는 기도를 '어떻게 할 것인가'이다. 이 책에서 나는 그 '어떻게'를 설명할 것이다. 이제 나는 기도라는 사다리의 가장 아랫단에서부터 출발하려 한다. 그래야 누구도 자신의 필요를 건너뛰고 간다고 느끼지 않을 테니까.

- 먼저 "주님, 제게 기도를 가르쳐 주소서"라고 숨으로 들이마시고 내뱉는 기도를 한다. 그것이 기도 생활을 진지하게 추구하기 위한 시작이다. 그리고 당신의 그 추구조차 기도 안에 잠기게 한다. 처음에는 흐릿하고 어둑해서 잘 분간이 가지 않을 것이다. 하지만 시작은 어설퍼도 이것이 영적 성숙으로 가는 첫걸음이 된다.

- 기도의 여정을 시작할 때에는 기도의 뒤에 있는 배경을 반드시 기억하여야 한다. '우주는 열려 있다'는 생각이 그것이다. 우주를 자연법에 꼼짝없이 매여 있는 것으로, 이미 정해진 결말 이외에는 어떤 일도 일어날 수 없는 닫혀 있는 시스템으로 이해하는 개념은 과거의 것이 되었다. 이제 그 자리에는 자연법이 여전히 지배하는 우주가 들어와 있다. 그러나 그 자연법 안에서 그리고 자연법을 통해 당신은 주

도권을 가질 수 있다는 가능성을 발견하게 될 것이다. 자연법 안에 자유가 존재하는 세상은 인간의 의지와 판단에 따라 달라질 일들이 많다. 사람이 어떤 행동을 하겠다고 결정하기 전까지는 실제로 그 일이 발생하지 않듯이, 기도 안에서 열려 있는 많은 선택들도 우리가 하나님과 협력하여 그 일을 행하겠다고 선택하기 전에는 어떤 결실도 가져오지 않는다. 기도에 들어가는 것은 자유의지와 가능성의 세상에 들어가는 것이다.

• 기도의 여정에 배경이 되는 다른 한 가지가 있다. 기도는 약자의 도피처가 아니다. 오히려 강자를 더 강화시킨다. 기도는 심약한 사람들이나 한다는 생각은 틀린 것이다. 이 지구에 살았던 가장 강했던 사람들은 모두 기도의 사람들이었다. 예수님이 요단 강가에서 처음으로 공생애를 시작하시면서 기도하셨을 때 '하늘이 열렸다'(눅 3:21)라고 성경은 말한다. 그리고 공생애 마지막에 예수님이 드렸던 기도는, "아버지 내 영혼을 아버지 손에 부탁하나이다"(눅 23:46)였다. 예수님은 사역의 처음과 마지막을 기도로 하셨듯이 그분의 전 생애가 기도 안에 들어 있었다.

기도는 약자만을 위한 것이 아니다. 기도는 강자들이 강해질 수 있는 이유이다. 자연의 과학적 사실들 앞에서도 자신의 무릎을 꿇고 겸손하게 순종하여 자연의 법칙으로 인도받는 과학자가 나약하기 때문일까?

- 잊지 말아야 할 또 다른 면이 있다. 기도는 하나님을 내 뜻에 맞추는 것이 아니라 내 뜻을 하나님의 뜻에 부합하도록 하여 하나님의 뜻이 내 안에서 그리고 나를 통해 이루어지도록 하는 것이다. 만약 당신이 작은 배를 타고 가다가 물가에 닿아 뭍에 오르려 한다면, 닻을 물가로 던져 배를 끌어갈 것인가 아니면 뭍이 당신에게 다가오도록 당길 것인가? 이와 마찬가지로 기도는 내 뜻에 우주가 복종하게 하여 우주라는 벨 보이가 당신의 목적에 봉사하게 하는 것이 아니다. 기도는 자신이 할 수 있다고 꿈도 꾸어 보지 못한 일들이 일어나도록 하나님의 목적에 협력하는 것이다. 기도의 가장 높은 단계는 겟세마네 동산에서 드렸던 예수님의 기도이다. "내 원대로 마시옵고 아버지의 원대로 되기를 원하나이다"(눅 22:42). 예수님은 종종 우리가 번역하듯 "아버지의 뜻이 이루어지다$^{\text{be borne}}$"이라 하지 않으시고 "아버지의 뜻이 행해지다 be done"이라고 말씀하셨다. 이

는 우리의 최선을 바라시는 적극적이고 구원하시는 하나님의 뜻에 우리가 협력해야 함을 의미한다.

- 기도는 가끔 생각날 때 해도 되는 내 맘대로 운동이 아니다. 기도는 삶을 대하는 우리의 태도이다. 기도는 당신의 전 생애에서 하나님과 협력하겠다는 의지이다. 기도는 기도하는 행동이 아닌 태도를 반영한다. 지속적으로 하나님을 거부하면서 이따금 기도하는 사람은 하나님의 임재를 기대할 수 없다. 나는 "여우 굴에 빠졌을 때는 무신론자가 되지 않는다"라는 속담을 별로 좋아하지 않는다. 만약 사람이 여우 굴에 빠졌을 때에만 기도한다면 기도란 단지 여우 굴이든 어디이든 문제에서 빠져나오는 수단으로 전락하고 만다. 그렇게 되면 굴에서 빠져나오고 나면 그 기도하던 사람은 다시 자신의 길로 놓아가서 하나님에 대해서는 까맣게 잊고 말 것이다.

- 그러므로 기도는 일차적으로 또 근본적으로 넘기는 것surrender, 즉 '투항'이다. 가가와 도요히코라는 20세기 일본의 기독교 개혁자는 기도에 대해 정의를 해 달라는 요청을 받고는 이렇게 정확하게 대답했다. "기도는 하나님께 투항하

는 것입니다." 당신은 당신의 목적과 계획 그리고 뜻을 하나님의 손에 넘겨 그 일들이 이루어지게 한다. 하지만 투항한다고 해서 패배자라는 부정적 의미를 가지지는 않는다. 투항이라는 전선을 폭파 장치에 연결하는 것, 꽃에 햇볕을 비춰 주는 것, 학생이 교육 과정을 이수하는 것이 기도다. 멕시코만류가 좁은 해협을 따라 흘러갈 수 있는 것은 그 해협과 멕시코만류가 서로 정렬이 되어 있고 흐름을 거스르지 않기 때문이다.

당신이 한 개인으로 하나님께 투항할 때, 이렇게 표현해도 될지 모르겠지만 하나님도 당신에게 투항하신다. 다시 말해 신의 능력이 당신의 처분에 놓여 있다는 뜻이다. 당신에게는 엄청난 목적이 있다. 왜냐하면, 전능하신 분의 목적이 당신과 함께 일하기 때문이다.

• 두 번째로 기도는 '확신'이다. 당신이 하나님의 뜻에 투항했다면 당신은 그분의 뜻 안에 당신의 뜻이 있음을 확신할 수 있다. 영국의 생물학자이자 20세기의 교육자였던 헉슬리Thomas Henry Huxley는 이렇게 썼다.

과학은 가장 틀림없는 용어로 하나님의 뜻에 대한 전적인 투항이라는 기독교의 개념을 가르치는 것 같다. 과학은 말한다. 어린아이처럼 진리 앞에 무릎을 꿇어라. 앞서 가졌던 관념들은 포기할 마음을 먹어라. 진리가 당신을 이끄는 곳이라면 어디든 가겠다고 작정하라. 그렇지 않고는 과학적인 그 무엇도 알 수 없다.

진리에 대한 겸손한 투항, 이것이 바로 과학의 가장 기본적인 태도이다. 두 번째 태도는 그러한 진리들에 대한 담대한 확신을 가지고 그 진리를 숙달할 것이라는 추정이다.

투항과 확신, 이 두 태도는 분리할 수 없으므로 함께 있어야 한다. 단지 투항만 한다면 당신은 나약한 사람이다. 오직 확신만 있어도 당신은 나약해진다. 투항과 확신, 이 두 가지를 갖추고 있다면 당신은 정말로 강한 사람이 된다. 당신은 능성석이고 창조적인 사람이 될 것이다. 그것은 하나님의 뜻에 투항했기 때문이다.

당신은 이제 하나님과의 협업이라는 모험을 시작하려 한다. 기도는 바로 하나님과의 협업을 이루는 것이다.

막 걸음마를 떼고 뒤뚱거리며 몸의 균형을 잡는 법을 배우는 아기의 모습을 상상해 봅시다. 그 이미지는 영적 진리의 의미를 강조합니다. 예수님은 우리에게 거듭나야 한다고 말씀하셨는데, 그 말은 성령으로 새로 태어나는 것을 뜻합니다. 그리고 거듭남이라는 예수님의 말씀에서 우리는 영적 삶이 인간의 삶과 성장을 닮았음을 깨닫게 됩니다. 아기가 태어날 때부터 말을 할 수 있는 잠재력과 의사소통을 하고자 하는 욕구를 가지고 태어나듯이, 우리 각자는 하나님과 대화할 수 있는 잠재력과 그를 위한 욕구를 가지고 있습니다. 바로 그것이 기도의 정수입니다. 앞에서 스탠리 존스가 제시했던 그 태도와 행동을 하게 될 때, 또 성령이 날마다 그리고 매주 우리를 가르치시도록 허용할 때, 우리는 기도하는 법을 배우게 될 것입니다.

부모와 자녀의 관계가 상호적이며 창의적이듯이 우리와 이 세상과 우주와 우주의 질서를 창조하신 주님과의 관계도 상호적이며 창조적입니다. 모든 것이 가능함을 믿고 그것을 아는 가운데 확신을 가지고 기도하십시오. 하나님이 하시지 않으면 우리도 할 수 없습니다. 우리가 없으면 하나님도 하지 않으실 것입니다. 우리는 함께 성장하고 성숙하며 번영을 누릴 것입니다.

자녀와 그 자녀를 사랑하는 부모의 관계를 두고 생각해봅시다. 부모는 자녀가 최고로 잘되기를 바랄 것입니다. 하지만 고집 세고 반발심이 가득한 자녀는 부모님의 사랑과 지도를 거부합니다. 그런 자녀의 인생은 힘들

고 성취가 없을 것입니다. 다른 자녀는 사랑하는 부모님의 지도에 따르면서 자발적으로 자신의 뜻을 굽힙니다. 그런 자녀는 상상도 할 수 없었던 더 많은 사랑과 기쁨, 그리고 능력과 축복을 발견하게 될 것입니다. 기도는 하나님에게 순종하는 궁극적인 투항입니다.

스탠리 형제는 하나님의 뜻을 알았습니다. 만약 우리가 하나님의 뜻을 간파할 만큼 지혜롭다면 그것은 우리에게는 최선의 선택이 될 것입니다. 하나님의 사랑에 투항하면 인간의 영혼은 자유로워져서 기쁨에 찬 순종을 하게 되고 무한한 창조성을 발휘하게 됩니다. 우리는 더 이상 괴로워하거나 힘겨워할 필요가 없습니다. 하나님께 투항하여 그분을 신뢰하면 우리는 기쁨과 확신을 가지고 기도할 자유를 얻습니다. 기도가 열어 주는 깊은 생명의 관계로 들어갈 때 우리는 약속된 성령이 우리에게 기도를 가르쳐 주실 것이라는 확신과 부푼 기대감으로 기도할 수 있습니다.

— 톰 앨빈

기도를 언제 어디서 할 것인가?

기도에 대한 밑그림을 그려 놓았으니 이제는 효과적인 기도 생활을 이루게 하는 그림 속으로 자신 있게 첫걸음을 떼어놓으면 된다.

• 먼저 기도하기를 배울 장소와 환경을 정하는 것부터 시작하자. 가능하면 주변을 기도하기에 좋은 곳으로 만들어 보자. 어느 가정이나 신성한 장소가 있을 것이다. 거기를 커튼 따위로 분리하여 하나님과 자신만의 장소로 만들 수도 있을 것이다. 그 신성한 곳에 기도 분위기를 갖추는 데 도움이 되는 상징들을 준비해 두자.

만약 조용한 기도실을 마련할 수 없다면, 예수님이 말씀하셨듯이 '기도 옷장'에 해당하는 장소로 들어갈 수도 있을 것이다. 어디든 다른 사람의 방해가 없이 혼자 있을 수 있는 곳이면 된다.

• 그 어느 것도 가능하지 않을지도 모르겠다. 그렇다면 자신의 내면에 힘을 모아 자신만의 신성한 곳을 만들도록 하자. 방해가 있을 수 있는 조건이라도 외부에 대해 '문을 닫을' 수 있는 방법을 배우도록 하자.

신체적으로 그리고 정신적으로 긴장을 푸는 것이 그런 신성한 장소를 만드는 데에 도움이 된다. 긴장된 의식 위에서는 아무것도 새길 수 없다는 것은 심리학에서도 사실로 알려져 있다. 다른 것을 받아들일 수 있는 수용의 마음을 갖추기 위해서는 긴장의 이완이 필수적이다. 그러므로 다른 사람의 눈길을 피할 수 있는 곳이 좋다.

편안하되 늘어지지 않아야 한다. 기도에 들어가면서 자신의 몸에 이렇게 말하라. "몸아, 하나님이 너를 통해 내게 오시는 통로가 되겠구나. 하나님을 잘 모시자." 그리고 신체의 각 부분에 대해 이렇게 말한다. "머리야, 너는 지금 하나님의 임재 안에 들어 있단다. 네 생각은 놓아두고 그분의 말씀을 듣자. 하나님은 말씀하시고, 내 속을 뚫어 보시고, 치유하신다. 그분을 받아들이자, 잘 받아들이자." 그리고 세상의 요란스러운 것들을 보느라 지친 눈에 대해서는 이렇게 말한다. "눈을 감고 지금 나의 내면에 계신 그분의 임재 외에는 아무것도 보지 말자." 하나님께서 당신의 눈을 만지시면 눈은 휴식을 얻어 평안해지고 치유를 얻게 된다. 다음으로 신경에게 이렇게 말한다. "오, 신경들아. 나의 지성을 담당하는 너희들아. 이 혼돈의 세상에서 사느라 얼마나 긴장되고 만신창이가 되었니. 이제 너에게 좋은 소식을 전하는 일을 맡겨 줄게. 너의 하나님이 오셨단다. 고요함, 평정심, 자원들, 구원, 이런 좋은 소식을 가지고 오셨단다. 네 모든 세포를 열어서, 치유와 고요와 회복의 하나님을 맞이하도록 하렴. 오소서, 오소서, 오소서."

당신의 성적(sexual) 에너지에는 이렇게 말하도록 한다. "오, 너는 내게서 창조의 부분을 담당하고 있지. 나는 너를 창조주 하나님께 맡겨 드리겠어. 내가 너의 능력을 그림, 시, 음악, 새로운 희망, 거듭난 영혼, 새로워진 생활과 같은 다른 형태의 창조로 활용하겠어. 나는 다른 차원의 창조성을 발휘할 수 있단다. 그러니 나는 너를 하나님의 처분에 맡겨 드리려고 해. 하나님이 너를 깨끗케 하시고 새로운 방향으로 인도하실 거란다." 그리고 몸 전체에 대해서는 이렇게 말하

자. "하나님은 내 몸의 모든 곳에 계셔서, 엉킨 신경들을 부드럽게 풀어 주시고, 뇌의 모든 세포를 신의 임재로 씻겨 주시며, 나의 모든 약한 곳은 그분의 능력으로 강하게 하시며, 나의 모든 아픈 곳을 치유하시고, 각 부분을 조화롭게 만드시어 서로 협력하는 전체가 되게 하신단다. 그러니 모든 문을 다 열어보자! 하나님께 모든 방의 문을 열 열쇠꾸러미를 넘겨 드리자."

- 그다음에는 영혼에게 말을 걸어 본다. "오, 나의 영혼아. 너는 지금 하나님의 예배당에 들어와 있단다. 너는 가장 높으신 분을 만나게 될 거야. 하나님이 오실 거야, 아니 실은 지금 오고 계신단다. 너의 내면 가장 깊은 곳에 있는 모든 장벽을 내리고 주님을 맞아들이자. 하나님께서 지금, 이곳에 오셨지 않니."

- 하나님과 올바른 관계 안에서 드리는 것이 기도의 정수이며, 기도를 드리는 것은 이것 또는 저것을 요구하는 것과는 다름을 기억하자. 하나님 앞에서 갖가지 요청 사항부터 늘어놓으려 분주해지지 말자. 잠시 그런 기도 제목들은 뒤로 물려두자. 하나님이 하실 일에 대해 기도하는 마음으로 하

나님이 당신의 삶에서 아직 신의 뜻에 완전하게 투항하지 못한 부분에 손가락을 올려 두실 때까지 기다리자. 하나님의 임재에 대해 완전하게 열리지 못한 부분이 있음이 드러나면 정직하고 솔직하게 그것을 꺼내어 바라보자. 하나님의 표정이 기뻐하시는 것 같지 않다고 생각되면 그것을 과감하게 버리자. 그렇게 하지 않으면 그것은 하나님과의 교통을 가로막는 방해물이 될 것이다.

- 만약 아무것도 거리낄 것이 없다고 판단될 때는 일부러 죄의식을 만들어 내지 말자. 종종 우리는 거짓 죄의식을 겸손이라고 생각한다. 그렇지 않다. 하나님은 작은 흠집을 찾아 책망하시는 심술쟁이가 아니시다. 그보다 하나님은 우리가 기본적으로 옳은 방향으로 건강하게 가기를 바라신다. 상상으로 만들어 낸 죄의식으로 자신을 책망하지 말자.

- 예를 들어 기도하는 동안 정신이 다른 곳으로 달아났다고 가정해 보자. 그에 대해 지나치게 염려할 필요가 없다. 그냥 그 방황하는 생각을 그대로 두었다가 다시 하나님께로 돌아오도록 하면 된다.

그런데 그다지 순수하지 않은 곳으로 생각이 빠질 수도 있다. 예컨대, 폭력적인 충동이나 어떤 일탈의 유혹에 빠질 수도 있다. 그것은 당연히 심각한 문제로, 하나님과의 교통을 가로막을 것이다. 당신이 그 생각을 당신에게 머물게 허락한다면 말이다. 그런 생각이 일어날 때 즉각 부인하면, 그 생각이 드는 것 자체는 죄가 되지 않는다. 죄에 관한 생각은 그 죄 된 생각을 기꺼워하면서 머물 자리를 내어 줄 때만 죄가 된다.

• 늘 다시 새겨서 도움이 되는 옛말이 있다. "새가 당신의 머리 위를 나는 것은 어쩔 수 없지만, 그 새가 당신의 머리카락에 집을 짓게 하지 못할 수는 있다." 날아다니는 생각이 죄는 아니다. 내 속에서 집을 지은 생각이 죄가 된다. 나는 잘못된 생각을 부인하는 나름의 기술을 가지고 있다. 즉, 눈을 몇 번 끔뻑거려서 생각을 이어가지 않고 흩어 버린다. 눈을 끔뻑거리려면 집중을 요하게 되는데, 그런 집중이 악한 생각을 끊어 버리는 역할을 한다. 그리고 "하나님, 저를 도와주세요"라고 기도한다. 그러면 나는 내 정신적 평정과 통제력을 회복하게 된다. 당신도 생각을 다스릴 수 있는 당신 자신만의 기술을 개발할 수 있을 것이다.

- 당신의 묵상을 방해하는 요인이 내면의 흩어진 생각 때문이 아니라고 가정해 보자. 다른 사람들이나 외부의 사건들이 집중을 깨트릴 수 있다. 그렇다고 해서 그 일로 기분을 망치지는 말라. 오히려 그런 방해물들을 이용하라. 예수님은 기도하시기 위해 군중을 피해 호수를 건너가셨다. 그런데도 사람들은 호수 주변까지 몰려서 따라왔고, 예수님이 기도 시간을 가지기 위해 도착하셨을 때는 이미 예수님보다 먼저 와서 기다리고 있었다. 이때 예수님은 화를 내거나 짜증을 내시지 않으시고 이렇게 말씀하셨다. "불쌍히 여기사 이에 여러 가지로 가르치시더라"(막 6:34). 그들을 먹이신 후에는 "자기가 무리를 보내는 동안에 …… 무리를 작별하신 후에 기도하러 산으로 가시니라"(막 6:45-46). 사람들의 방해가 오히려 그들을 위한 긍휼의 기도가 되었다.

만약 기도에 방해를 받는다면 짜증이나 조급증을 내기보다는 그들을 위한 중보기도의 기회로 삼으라. 예수님이 하신 것처럼 다시 기도로 돌아가라. 다만 그 훼방꾼으로 인해 오랫동안 기도 시간에 방해받지는 말라. 최고도 기술로 방해받더라도 기도의 계절을 거치면 그 결실은 더 풍성할 것이며, 방해받았던 것 자체가 알찬 경험이 될 것이다.

예수님의 일생도 상당 부분이 이런저런 방해들로 이루어졌다. 다만 주님은 그런 방해들로 기도 시간을 망치게 두지 않으셨을 뿐이다. 주님은 그 훼방꾼들을 다 파악하시고 오히려 그것들이 자신의 인생에서 중심된 목적을 이루는 데에 공헌하게 만드셨다. 기도는 방해되는 일로 인해 중단되었어도 예수님의 기도 영은 그 방해물 속으로 들어가서 그분의 영적 기초가 얼마나 단단한지 잘 드러나게 만들었다.

방해를 받아도 당신은 어쩌면 그 일을 영광스러운 전도의 기회가 되게 할 수도 있을 것이다. 기도의 영은 사건들의 무질서한 모자이크를 기독교적인 패턴으로 바꿀 수 있다. 기도는 행동과 태도가 서로 연합되게 한다.

- 외부의 훼방꾼이나 내면의 일탈만이 기도 시간을 방해하지 않는다. 기도 자체가 건조하고 지루하고 생생하게 느껴지지 않을 때가 있다. 그렇다고 너무 기운을 잃어서는 안 된다. 아무리 사이좋은 부부라도 건조하고 감정이 메마른 기간이 있게 마련이다. 그것이 결혼생활의 근본적인 기쁨조차 메마르게 하지는 못한다. 반짝거리던 순간이 가라앉을 때가 있을지 모르지만, 결혼 자체는 유효한 그대로이다. 차분히 기다리라. 광채가 기도의 집으로 되돌아올 것이다. 지금 빛나지 않는다고 하여 빛 자체를 포기하지는 말라.

• 심장이 기도를 절실히 원하지 않을 때는 시계가 돌아가는 것에 맞춰 기도하자. 그렇게 하여 기도하는 습관을 몸에 길들이게 되면 기도의 광채를 보지 못할 때도 기도할 수 있다. 기도 습관이 신경 세포 안으로 침투하여 태도 또는 성품으로 정착될 것이다. 그것이 광채보다 더 의미가 있다. 습관이 들게 되면 자신이 이제 기도를 삶의 태도로 내면적으로 받아들인 것을 발견하게 될 것이다.

기도에 대한 실제적인 느낌이 부족할 때도 기도한다면 당신은 변화하고 있는 것이다. 당신은 충동대로 사는 것이 아니라 원칙에 맞춰 사는 것이며, 순간의 즐거움을 위해서가 아니라 자신의 의지대로 사는 사람으로 변화하고 있기 때문이다. 기도는 감정의 만족감이 있건 없건 언제나 옳다. 만약 내면의 시계에 따라 기도할 수 없다면 외부의 시계에 맞춰 기도하라.

기도 일정에 예외를 허락하지 말자. 예외를 자꾸 두다 보면 습관을 무너뜨리게 된다. 기도 훈련이나 습관은 그만큼 중요하다.

예수님은 기도를 날마다 먹는 빵에 비유할 만큼 아주 구체적으로 제자들에게 가르쳐주셨습니다. 시편은 종종 내면의 자아에 거는 독백들도 우리에게 들려줍니다. 예를 들어 이런 시편이 있습니다. "내 영혼아 네가 어찌하여 낙심하며 어찌하여 내 속에서 불안해하는가 너는 하나님께 소망을 두라 그가 나타나 도우심으로 말미암아 내가 여전히 찬송하리로다"(시 42:5). 우리는 일주일이면 7일을 이와 같은 시편의 말씀과 같은 태도로 기도로 나아가야 할 것입니다. 그러한 태도가 자신이 기도 습관을 발전시키는 데에 도움이 되는지 측정해 보십시오.

우리는 오순절 세상에 사는 부활의 사람들입니다. 성령이 지금 여기에 계십니다. 하나님의 성령은 직접 우리의 영과 소통하실 수 있습니다. 왜냐하면, 하나님께서 우리를 창조하셨기 때문입니다. 성령을 받아들일 것인가의 수용 여부는 우리의 선택에 달려 있습니다. 우리는 성령을 억누르거나 거부할 수도 있지만 환영하여 맞아들일 수도 있습니다. 하나님은 우리에게 선택할 힘과 특권을 주셨습니다. 지금 이 순간 당신은 어떤 선택을 하고 있습니까? 마음의 문을 열고 스탠리 형제가 우리에게 제공한 그 방식으로 적극적으로 기도를 실천해보지 않으렵니까?

"기도의 기본은 하나님과 올바른 관계에 있다"라는 이 단순한 선언이 기도에 관한, 그리고 그리스도인 삶의 기본적인 진리에 관한 스탠리 형제의 가르침을 증류해 내었습니다. 시간을 내어 당신과 당신이 속한 믿음의 공동체에 그 말이 무엇을 의미하는지 깊이 묵상하여 보십시오.

―――――

스탠리 형제의 신학과 그의 신앙생활의 중심에는 '방해가 되는' 사람이나 사건 또는 질병도 하나님을 영광되게 한다는 생각이 있었습니다. 예수님도 고난이나 방해로부터 예외가 되지 않았습니다. 그러니 그분의 제자인 우리도 마찬가지이지요. 그리스도 안에서의 삶은 일상적인 훼방꾼들을 끌어안고 그것들을 성령과 기도의 실천을 통해 전도하는 기회로 삼는 것입니다. 당신의 삶에서 그러한 방해들로 기도의 기회로 삼았던 때는 언제였습니까?

그리스도인들은 어디에서나 영적인 건조함과 정서의 메마름 또는 기도할 때에 무감동해지는 경험을 합니다. 스탠리 형제는 결혼을 비유로 사용하여 헌신을 통해서 얻는 깊은 사랑의 실재적 경험을 전합니다. 기도 안에서 그리고 기도를 통한 하나님과의 관계는 부부 관계와 마찬가지로 어떤 한순간의 기분 좋은 따뜻함과 만족감의 존재 여부를 떠나 실재하는 것입니다. 헌신과 인내가 있으면 미래의 참된 기쁨이 가능하게 되지요.

— 톰 앨빈

기도의
단계

이제 우리는 실제로 기도를 하기 위한 단계를 밟아 나갈 준비가 되었다. 기도에는 9가지 단계가 있는데, 하나씩 살펴보기로 하자.

1. 당신이 정말로 원하는 것이 무엇인지 결정하라

'온전한 당신'이 중요하다. 기도에 몰두하겠다는 의지가 없이는 붕 뜬 마음을 잡아 기도에 집중하기는 힘들 것이다. 자신의 일부분만 가지고 기도를 하면서 하나님의 응답을 기대할 수는 없다. 하나님은 온 마음으로 하는 말을 들으시기 때문이다. 하나님은 한 사람이 온 마음으로 드리는 한

가지에 대해 하나의 답변을 주실 것이다.

- 너희가 온 마음으로 나를 구하면 나를 찾을 것이요 나를 만나리라(렘 29:13).

예수님이 도움을 간청하는 사람들에게 종종 하셨던 말씀에 주목해 보자.

- 네게 무엇을 하여 주기를 원하느냐(막 10:51).

이 질문이 바로 기도의 핵심이다. 간혹 병을 앓고 있는 환자가 기도로 낫기를 청하면서도 실제로 나을 것이란 기대를 하지 않을 때가 있다. 그런 병자는 자신의 질병이나 장애를 다른 사람의 관심이나 도움을 얻기 위한 방편으로 삼아 인생을 사는 수단으로 사용하는 것이다.

내 이모는 정기적으로 가족 모임에 참석하신다. 그 이모님은 늘 뭔가 불평거리를 가지고 있었다. 그럴 때마다 가족들은 이모님 옆에 모여 그녀를 동정하며 섬겼다. 그렇지만 아프다고 불평하던 사람이 가족 모임에 잘 차려진 저녁 식사는 깨끗이 비우곤 했다. 그런 경우 의심할 여지 없이 그녀는 자신의 병을 이용하여 사람들이 자신에게 관심을 쏟게 만드는 것이다.

우리의 도덕과 영적 생활 영역에서도 그런 일이 일어날 수 있다. 우리가 영적이고 도덕적인 승리를 위해 기도할 때 존재의 일부분만 가지고 기도해서는 안 된다. 성 어거스틴은 성인이 되기 전에 늘 이렇게 기도했다고 한다. "오, 하나님! 저를 깨끗하게 하시되 지금은 마옵소서." 나도 회심을 하기 전에는 나를 선한 사람으로 만들어 주실 것을 기도하면서도 종종 하나님께서 내 기도를 있는 그대로 받으실까 봐 두렵기도 했었다. 실은 속으로는 착한 사람이 되고 싶지 않았던 것이다. 그 결과 내 기도는 절대 응답되지 않았다. 내가 진심으로 바뀌기를 원했던 그 절체절명의 순간까지는, 그때가 되어서야 비로소 하나님은 내 기도를 들으시고 나를 구원하셨다.

어쩌면 당신도 온 존재를 다해 기도하지만 다른 한편의 '당신 자신'은 그다지 협조적이지 않을 수도 있다. 하나님께 당신의 마음이 감동되기를 바란다고 솔직하게 말씀드려보라. 자신의 무의지를 하나님께 올려 드리면 그리고 당신이 동의한다면, 하나님께서 그 무의지를 의지로 바꿔 주실 것이다.

하나님, 당신의 임재를 간구하기 위해

내 온 마음을 다하여 부르며

기도로 당신께 나아가면,

주께서 벌써 제게 오시는 중이시네요.

당신에게 오고 계시는 하나님을 보았다면, 당신은 하나님께서 이미 당신보다 한참이나 앞서서 오고 계셨다는 것을 알게 될 것이다.

한 여성의 기도에 관한 경험을 나눠 보고자 한다. "우리는 집에 모든 것을 다 갖추고 살고 있어요. 없는 것이 없지만 실은 아무것도 없는 셈이죠." 뭔가 할 말이 있는 듯했다. 그녀가 말을 이었다. "나의 하루는 QT하는 시간을 중심으로 돌아가지요. 그 QT 시간을 정착하기까지는 참 어려운 과정을 겪었죠. 내 생각을 멈추고 기도하기가 어려웠어요. 마치 계속해서 그런 노력을 하는 것 자체가 나 자신에게 공정하지 못한 일이라고 느낀 적도 있을 정도였어요. 그래서 저는 그 시간을 그냥 성경을 읽고 하나님께 편지를 쓰는 시간으로 만들었어요. 편지를 쓰면서 저는 내 자신의 뜻을 빼고 하나님의 뜻이 드러나게 했죠. 그랬더니 그 시간이 정말로 만족스러워졌어요. 지금은 하나님이 제게 주시는 답장을 잘 받으려고 노력하고 있어요. 이런 경험을 내 동료들에게 얘기한다면 모르긴 몰라도 그들은 내가 제정신이 아니라고 생각할 거예요. 하지만 고백컨대, 이것이 비정상이라는 소리를 듣게 된다면 그것도 기꺼이 받아들일 준비가 되어 있습니다."

편지에서 자기 생각을 분명하게 표현하고 있는 것으로 보아 이 여인의 정신 상태는 분명 지극히 건전하다. 그녀는 하나님과의 대화를 자신의 습관으로 만든 것이다. 그녀가, "자기 뜻을 빼고 하나님의 뜻이 드러나게" 했다고 증언하고 있음에 주목하자. 그녀가 하나님께 쓴 편지는 한 사람의 온 인격이 하나님께 들려 드리는 이야기가 되었다.

2. 당신이 원하는 것이 그리스도인다운 것인지 판단하라.

하나님은 신의 성품이 어떠한 모습인지 그리스도를 통하여 보여주셨다. 하나님은 오직 그리스도적인 방식으로만 행동하실 수 있다. 하나님은 신의 성품에 위배되는 기도에는 응답하실 수가 없다.

유부남과 부적절한 관계를 맺고 있던 한 여인이 이렇게 말했다. "나는 하나님이 내 기도에 응답하셔서 내 연인을 내게 주실 것이라고 생각했어요." 어떻게 하나님이 그런 응답을 하실 수 있겠는가? 그 여인은 자신의 욕망을 하늘에 대고 읽어 나간 것뿐이며, 그러한 응답이라면 그녀의 욕망을 공허하게 울리는 것일 뿐이다. 그 여인은 도덕적 우주가 산산조각 나게 하는 명령을 내린 것이며, 그녀는 자신의 욕망에 쫓겨 올바른 판단을 하지 못하고 있음을 보여준다. 하나님은 인간의 이기적인 변덕이나 비도덕적인 욕심 따위에 응답하시기 위해, 신의 도덕적 성품을 표현하는 도덕적 우주를 뒤집으실 수 없다.

자리를 잡고 앉아 자신의 기도들을 돌아보자. "내가 기도하는 것들은 그리스도인다운 것인가?" 그리고 그것이 그리스도인답지 못하다면, 내가 바라던 것을 가진다고 해서 우리에게 좋을 것이 없다. 오직 그리스도인다운 것만이 우리에게 선한 작용을 한다. 하나님께 당신 자신과 더불어 당신의 기도들도 깨끗하게 해주시길 기도하라. 한 사람의 기도에는 하나님께 드리는 요청이 그대로 드러난다.

예수님은 이렇게 말씀하셨다.

- 내 이름으로 무엇이든지 내게 구하면 내가 행하리라(요 14:14).

다시 말해 예수님의 성품과 그분의 정신에 따라 기도하면 응답하시겠다는 뜻이다. 그리스도 예수의 성품이 허용하는 정도까지, 즉 도덕적 우주가 허용하는 한도 안에서 당신은 무엇이든 자유롭게 요청할 수 있고, 하나님은 당신에게 그 모든 것을 주실 수 있다는 뜻이다.

3. 기도를 적어 두라.

기도를 적는 행위 자체가 스스로 점검하는 데에 도움이 된다. 글로 쓰는 행위를 하면서 자신의 진심을 확인할 것이다. 나는 글로 내 마음을 확정하게 되면 그 후에는 거의 바꾸지 않는다. 기도를 기록해 두면 자신의 기도 제목이 무엇인지 정확하게 인식하게 될 것이며 게으른 타성에서 벗어나게 될 것이다. 중언부언하지 않게 된다는 뜻이다. 물론 일일이 다 적을 필요가 없을 때도 있을 것이다. 그 기도들은 그냥 당신 안에 적혀져 있을 수도 있다. 그렇다면 자신이 그리스도인다운 기도를 하고 있다는 것을 믿을 수 있다. 하지만 처음에는 당신은 모든 외부의 수단을 동원하여 당신이 그리스도인다운 기도를 할 수 있도록 도움을 받는 것이 좋다.

어떤 사람들은 자신의 죄와 실패를 적어 두는 방법을

채택하기도 한다. 그 후 그 메모지를 진지한 마음으로 불태우는 행위는 자신의 옛 자아를 태워 버리고 하나님의 사랑의 불 안에 있음을 상징한다.

기도를 적는 것이 무엇인가를 내게서 없애는 것이거나 혹은 어떤 동기를 부여받기 위한 것과는 상관없이 당신이 글로 표현한다면, 당신이 기도하는 의도를 명확하게 할 것이다.

4. 마음을 정돈하라.

마음을 정돈하면 주님의 말씀을 수용하는 데에 한 걸음 내딛게 된다. 기도의 첫 단계는 말씀을 순전하게 받아들이는 것이다.

- 영접하는 자 곧 그 이름을 믿는 자들에게는 하나님의 자녀가 되는 권세를 주셨으니(요 1:12).

하나님께 나아갈 때 경직되어 주서한다면 얻을 수 있는 것이 별로 없다. 당신이 쳐놓은 차단막만 내리면 된다. 하나님 편에는 당신을 막는 것이 없으시다.

수용성은 영적 생활의 첫째가는 법이자 모든 삶의 최우선 되는 법이기도 하다. 모든 유기체는 받은 만큼만 줄 수 있다. 받는 방법을 배우지 못했다면 삶을 사는 방법도 배우지 못한 것이다. 위에서 예를 들은 그 여인은 이렇게 말했다. "내가 평생을 살면서 나 자신을 위해 했던 것보다 내가 하나님의 말씀을 듣기 시작한 그 한 해 동안 하나님이 내게 베풀어주신 것이 더 많았습니다."

마음을 잠잠히 하고서 나는 거듭해서 이렇게 기도한다. "오, 하나님! 주께서 저를 받으셨습니다." 그러면 계속해서 응답이 온다. "내가 안다, 내 아들아." 그러자 내 존재의 숨구멍 하나까지도 하나님의 치유하시는 은혜를 받아들여 평온을 느끼게 된다.

마음을 잠잠하게 하는 주된 목적은 하나님을 받아들이는 것이다. 거기에서 모든 것이 나온다. 나는 물질에 대해서는 거의 간구하지 않는다. 하나님이 내게 있으면 내게 필요한 모든 것을 얻을 수 있다는 것을 알고 있기 때문이다. 잠잠한 마음은 하나님이 당신에게 오시고, 당신에게 침투하시고, 당신을 소유하시도록 허용한다. 당신을 통해 하나님은 신적인 기도를 부어 주실 것이다. 그 기도는 하나님의 영감을 받은 것이므로 하나님의 응답을 얻을 것이다.

나는 설교를 시작하면서 늘 회중들에게 머리를 숙이고 침묵으로 기도할 것을 요청한다. 그 침묵 속에서 나는 언제나 예수님의 말씀을 묵상한다.

- 너희가 나를 택한 것이 아니요 내가 너희를 택하여 세웠나니 이는 너희로 가서 열매를 맺게 하고 또 너희 열매가 항상 있게 하여 내 이름으로 아버지께 무엇을 구하든지 다 받게 하려 함이라(요 15:16).

이와 같은 성경 구절을 반복해서 외우다 보면 마음이 정돈되고 하나님을 받아들일 준비가 된다. 나는 하나님과의 관계에서만큼은 수동태로 살고 있다. 설교를 억지로 쥐어짤 필요가 없다. 설교는 하나님을 받아들이고 나면 자연히 흘러나오게 된다. 이제 설교자는 제한된 저수지가 아니다. 설교자는 무제한적인 자원에 잇닿아 있는 수로와 같다.

기도는 소나무의 한편에 상처를 내어 컵을 가져다 대고 수액을 받는 행위와 같다. 당신은 이제 하나님의 곁에서 자리를 잡고 있으며, 당신이 원한다면 하나님의 상처 난 곳에서 하나님의 은혜가 당신의 잔을 채우도록 할 수 있다. 당신은 바로 하나님의 생명을 마시는 것이다.

- 너희는 가만히 있어 내가 하나님 됨을 알지어다(시 46:10)

하신 것처럼, 당신은 하나님으로 가득 차게 될 것이다. 잠잠하지 못한다면 당신은 하나님을 알지 못할 것이며 당신의 내면은 여전히 공허할 것이다.

이제 당신은 5번째 단계로 나갈 준비가 되었다.

5. 당신의 소망을 하나님과 나누라.

내가 '하나님께'라고 하지 않고 '하나님과'라고 표현한 것에 주목하라. 대화는 쌍방이 하는 것이기 때문이다. 하나님과의 대화에서 중요한 대부분은 당신이 하나님께 하는 말이 아니라 하나님이 당신에게 하시는 말씀이 될 것이다. 하나님은 당신의 기도에 응답하기를 원하실 뿐만 아니라 당신이 그 기도가 응답될 수 있을 사람으로 만들기를 원하신다. 그러므로 기도는 하나님이 시키시는 훈련의 과정이다. 하나님은 기도에 응답하심으로서 장기적으로는 그 기도에 합당한 사람으로 당신을 만들어 가는 데에 공헌하게 하시려는 것이다.

당신의 소망에 대해 하나님과 대화할 때는 당신이 신의

목적을 이룰 최선의 도구가 되겠다는 의도를 가지고 기도하라. 하나님은 더 고귀한 목적의 기도에 응답하시기 위해 세상적인 목적에 대해서는 안 된다고 답할 수도 있을 것이다. 또는 당신의 기도가 하나님의 목적의 일부가 될 수도 있을 것이다. 그렇다면 그것을 자신감을 가지고 하나님과 대화를 할 수 있을 것이다. 이때 당신의 영은 담대하게 신의 현존 안에 거할 것을 기다릴 것이다.

어느 날 나는 새벽 네 시에 기침 때문에 잠이 깨었다. 그 당시 나는 폐렴에 걸릴까 염려하면서 바쁜 일정을 간신히 소화해 나가고 있었다. 그날 그 시간은 내게는 이 방향으로 갈 것인지 아닌지 결정을 해야 할 중요한 순간이었다. 간절해진 나는 담대하게 하나님의 옷자락을 붙잡고 간구하였다.

"오 하나님, 저는 많은 것을 부탁드리지 않습니다. 저는 주님께서 제게 물질보다 더한 것을 주시기를 원합니다. 주님이 나를 도와주시지 않는다면 저는 아무것도 할 수 없습니다. 제가 계속할 수 있도록 저를 도와주옵소서."

나는 그 기도의 순간이 하나님께 기록되었다는 것을 알았다. 이제 조류는 바뀌었다.

기도로 하나님과 당신의 소망에 관해 이야기하되, 그 기도가 당신을 위한 신의 목적에 맞는 것이라면 하나님이 그 기도에 응답하시기 위해 애쓰실 것이라는 확신을 가지라.

6. 기도를 현실로 만들기 위해 당신이 무엇을 할 것인지를 하나님께 약속드리라.

대화는 쌍방 간의 오고 가는 경험이므로 그 성취도 쌍방으로 이루어질 수밖에 없다. 당신과 하나님이 함께 간구했던 기도에 대한 응답을 하는 것이다.

이 단계에서 다시 하나님의 말씀을 듣기 위해 침묵하라. 그리고 그 기도의 응답에서 당신이 할 역할에 대해 떠오르는 어떤 생각이 있는지 살펴보라. 어떤 구체적인 아이디어가 있다면 그것을 실행하겠다고 약속하라.

예를 들어 이렇게 할 수 있다. 어느날 아침 나는 간디를 살려 달라는 기도를 했다. 그는 자신의 조국을 위해 죽음을 각오한 상태였다. 기도를 마친 후 잠잠히 기다리자 즉각 그 나라의 대통령에게 개입과 중재를 촉구하는 메시지를 보낼 수 있겠다는 생각이 떠올랐다.

기도 시간 중에 떠오르는 충동은 대개는 성령의 진정한

충동이다. 어떤 사람들은 그러한 충동이 자기 자신의 정신에서 나오는 충동이라고 말하기도 한다. 하지만 이 쌍방의 기도 방법대로 살기를 노력했던 우리는 어디까지가 자기 생각인지, 그리고 어디서 성령의 역사가 시작되는지 딱 잘라 구분하여 말하기는 어렵다는 것을 잘 안다. 그 둘은 서로를 향해 날아가고 날아오는 것이다.

성령은 우리의 영을 고무하여 성령이 인도하는 행동을 하게 한다.

• 그의 영광의 팔이 모세의 오른손을 이끄시며(사 63:12).

모세가 팔을 들면 하나님도 그렇게 하셨으니, 하나님과 인간의 팔이 함께 일 한 것이다. 이 얼마나 대단한 협력인가!

7. 사랑할 만한 생각이라면 할 수 있는 모든 것을 다하라.

이 단계의 중요성은 그 생각을 깨끗케 하는 힘과 명쾌히 밝히는 특성에 담겨 있다. '사랑할 만한'이라는 단어는 당신의 마음에 떠오르는 생각들이 어디에서 기인하였는지 그 출처를 찾을 암호가 된다. 만약 그 생각이 사랑할 만하지 않다면 그것은 아마 당신의 무의식에서 온 것이지 성령에서 온 것이 아닐 가능성이 크다. 성령의 첫 열매는 사랑이다. 만약 그 제안이 하나님의 사랑에 걸맞은 것이 아니라면 그 일을 해서는 안 된다. 그 아이디어가 하나님의 사랑에 맞게 될 때까지 기다리라.

'사랑할 만한'이라는 단어가 중요한 것처럼 '실천하다'라는 단어도 중요하다. 하나님은 당신이 행동하기를 기다리고 계신다. 당신의 실천이 하나님의 능력이 봇물 터지듯 터트리는 역할을 한다.

8. 하나님의 뜻에 맞춰 응답하시는 하나님께 감사하라.

하나님은 기도에 응답하실 것이다. 어떤 기도도 응답받지 못하는 기도는 없다. 다만 하나님은 긍정의 답도 하시지만, 부정의 답도 하신다. 부정은 더 고상한 긍정을 이끌어낼 응답이다.

또한, 기도 응답이 지체되는 이유는 어쩌면 당신의 근육을 강화시키기 위해서인지도 모른다. 긴 세월에 걸쳐 간구하면서 단련된 인내는 성품을 기르는 과정에서 상상할 수 있는 것 중 가장 확실한 것이 될 것이다. 그 기도가 삶을 살아가는 태도를 형성하면 그것은 인생을 살아가는 원칙으로 발전할 수 있다. 하나님은 기도가 응답되어지는 것보다 기도가 존재하는 것에 더 관심이 있으실지 모른다. 종종 하나님은 우리가 앞으로 나아가지 못하게 막으시기도 하는데, 그것은 우리의 성품을 더 성숙하고 깊어지게 하여 원하는 것을 즉시 얻지 못하면 떼를 쓰는 영적 미숙아가 되지 않도록 하기 위함이다.

9. 생각할 수 있는 모든 기도를 풀어놓으라.

의식의 맨 앞부분에 있는 기도만 드리지 말라. 그렇게 하면 불안만 키울 뿐이다. 무의식에까지 깊이 내려가서 더 깊은 곳에서 기도가 작용되도록 하라. 그런 다음 당신이 할 일은 그 기도 안에 숨겨진 뜻을 발견하는 것이다. 그렇게 되면 더 이상의 불안은 경험하지 않을 것이나. 의식적인 생각에서 나오는 기도를 거절하는 것은 믿음의 행동이 된다. 그것을 하나님께 맡겨 드렸다면 당신은 가능한 최선의 결과가 나올 것이라고 믿어야 한다.

도움이 될 한두 가지를 덧붙임으로써 기도의 실천에 관한 내용을 간략히 마치고자 한다.

기도는 태도이며 또한 행동의 문제이다. 팔복의 맨 처음은,

- 심령이 가난한 자는 복이 있나니 천국이 그들의 것임이요 (마 5:3).

이다. 심령이 가난하다는 것은 다시 말해, 영적으로 자기 뜻을 버리고 순복함을 말하는데, 그 심령이 가난한 사람이 얻는 것이 무엇일까? 바로 천국이다! 마음이 가난한 사람들이 하나님의 나라에 속한 것처럼, 하나님의 나라도 그들에게 속하였다! 하나님 나라의 모든 자원이 그들을 지원하며, 전능하신 그분과 함께 일한다. 그러므로 마음이 가난한 사람들은 생각과 행동과 그 성취에서 자신이 가진 모든 것을 뛰어넘는다. 그들은 비범한 일들을 행하는 평범한 사람들이다.

사도행전은 성령행전이라고도 불릴 수 있다. 왜냐하면, 성령이 평범한 사람들의 성품을 취하여서 그 평범함 인간의 본성이 비범하게 될 때까지 그들의 능력과 지혜를 높여 주셨기 때문이다. 하나님을 제한하지 않는 사람들의 성취는 제한할 수 없다.

기도는 우리의 빈 곳을 하나님의 가득함으로, 우리의 패배를 그분의 승리로 이어주는 통로를 열어 준다. 그러므로 기도하라. 그렇지 않으면 당신은 충동의, 외부 사건의, 혹은 주변 환경의 먹잇감이 될 것이다. 기도하는 사람은 모든 것을 뛰어넘을 수 있다. 구원이 우주에서 가장 힘 있는 이유는 구원받은 백성으로 하여금 세상을 이기게 하는 것이 하나님의 뜻이기 때문이다. 기도는 자유로운 사람을 창조한다. 하나님의 뜻을 행하는 사람들은 실제로는 자신의 가장 깊숙한 의지를 행하는 사람이기 때문이다.

기도에 온전히 진정한 자아를 집중하는 것은 큰 도전입니다. 마음이 다른 곳에 분산되어 있거나 전폭적으로 헌신하지 못한 기도에는 진실성이 부족하기 때문에 우리 자신보다 우리를 더 잘 아시고 우리의 이해 범위를 넘어서까지 우리를 사랑하시는 하나님의 응답을 받을 수가 없습니다. 이제 당신은 기도의 면에서만큼은 온전한 당신 자신이 되어 하나님 앞으로 나아갈 준비가 되어 있습니까?

기도의 정수는 관계입니다. 관계를 위한 소통에는 말하는 것과 듣는 것이 모두 있어야 합니다. 인간의 모든 관계에서 그러하듯, 스탠리 형제는 기도 시간에 하나님이 무슨 말씀을 하시는지 듣는 것의 중요성을 강조합니다.

하나님이 인간의 창조 이유를 설명하신 것에 따라, 그리스도인인 우리는 하나님이 주님과의 관계를 위해, 그리고 피조물을 돌보기 위해 신의 형상으로 남자와 여자를 지으셨다고 믿습니다. (창세기 1장 26절과 27절을 보십시오.) 이런 관계가 지속적으로 가능한 것은 우리가 아담으로 인해 잃어버린 것보다 그리스도 안에서 더 많은 것을 얻었기 때문입니다. 성령의 은사는 모든 그리스도인들이 우리가 창조될 때부터 누릴 수 있게 하신 하나님과의 관계를 회복할 수 있게 해줍니다. 당신이 '거듭'났을 때, 다시 말해 성령으로 났을 때, 당신은 전에는 결코 보지 못했던 것을 보게 하고 듣지 못했던 것을 들을 수 있게 하시는 영적인 눈과 영적인 귀를 얻게 됩니다. 이런 영적인 감각들로 인해 당신은 예수 그리스도의 진정한 제자가 되는 데에 필요한 영적 자극을 얻을 수 있게 합니다.

자신의 영적인 잠재력을 개발하기 위해서는 기도와 그리스도인의 생활에 대해 당신보다 더 경험이 많은 사람을 영적인 멘토 혹은 코치나 안내자를 찾도록 하십시오. 성령의 말씀에 귀를 기울이는 법을 배우라는 스탠리 존스의 초대를 기도하는 마음으로 받아들이고 하나님의 목소리와 인도에 답하여 기도하십시오.

하나님은 우리를 창조하실 때부터 하나님과의 관계를 가능하게 하는 능력을 함께 주셨습니다. 우리가 영적으로 성숙할 때에는 하나님의 촉구하심을 더 명확하고 더 자주 듣고 이해하게 됩니다. 하나님의 뜻을 위해 기도하고 그 뜻대로 살고 있다는 확신을 가지고 성숙할 때에 우리는 기도에서 기쁨을 발견하고 더 자유하게 됩니다.

하나님께 드리는 편지, 글로 된 기도문, 그리고 기도 일기 등은 모두 기도에 도움을 줍니다. "그리스도인의 영적 일기"(100쪽)을 읽고 영적인 훈련이 되는 기도 일기를 시작하도록 하십시오.

― 톰 앨빈

스탠리 존스의 기도문

4

하나님 나라는 우리 가운데에 있다

• 대답하여 이르되 네 마음을 다하며 목숨을 다하며 힘을 다하며 뜻을 다하여 주 너의 하나님을 사랑하고 또한 네 이웃을 네 자신 같이 사랑하라 하였나이다 예수께서 이르시되 네 대답이 옳도다 이를 행하라 그러면 살리라 하시니 그 사람이 자기를 옳게 보이려고 예수께 여짜오되 그러면 내 이웃이 누구니이까 예수께서 대답하여 이르시되 어떤 사람이 예루살렘에서 여리고로 내려가다가 강도를 만나매 강도들이 그 옷을 벗기고 때려 거의 죽은 것을 버리고 갔더라 마침 한 제사장이 그 길로 내려가다가 그를 보고 피하여 지

나가고 또 이와 같이 한 레위인도 그 곳에 이르러 그를 보고 피하여 지나가되 어떤 사마리아 사람은 여행하는 중 거기 이르러 그를 보고 불쌍히 여겨 가까이 가서 기름과 포도주를 그 상처에 붓고 싸매고 자기 짐승에 태워 주막으로 데리고 가서 돌보아 주니라 그 이튿날 그가 주막 주인에게 데나리온 둘을 내어 주며 이르되 이 사람을 돌보아 주라 비용이 더 들면 내가 돌아올 때에 갚으리라 하였으니 네 생각에는 이 세 사람 중에 누가 강도 만난 자의 이웃이 되겠느냐 이르되 자비를 베푼 자니이다 예수께서 이르시되 가서 너도 이와 같이 하라 하시니라(눅 10:27-37).

내 주되신 하나님, 하나님은 세 분 하나님 중의 아버지가 되신 줄 제가 압니다. 나를 지으신 분은 하나님이시므로 내가 삼위 하나님을 알지 못하면 나 자신에 대해서도 모르게 될 것입니다. 사랑하며 살지 않으면 길을 잃게 될 것임도 이제 알았습니다. 오직 사랑으로 살도록 도우소서. 예수님 이름으로 기도합니다. 아멘.

하나님의 임재를 드러내는 방식

• 하늘이 하나님의 영광을 선포하고 궁창이 그의 손으로 하신 일을 나타내는도다 날은 날에게 말하고 밤은 밤에게 지식을 전하니 언어도 없고 말씀도 없으며 들리는 소리도 없으나 그의 소리가 온 땅에 통하고 그의 말씀이 세상 끝까지 이르도다 하나님이 해를 위하여 하늘에 장막을 베푸셨도다 해는 그의 신방에서 나오는 신랑과 같고 그의 길을 달리기 기뻐하는 장사 같아서 하늘 이 끝에서 나와서 하늘 저 끝까지 운행함이여 그의 열기에서 피할 자가 없도다(시 19:1-6).

• 또 주여 태초에 주께서 땅의 기초를 두셨으며 하늘도 주의 손으로 지으신 바라 그것들은 멸망할 것이나 오직 주는 영존할 것이요 그것들은 다 옷과 같이 낡아지리니 의복처럼 갈아입을 것이요 그것들은 옷과 같이 변할 것이나 주는 여전하여 연대가 다함이 없으리라 하였으나(히 1:10-12).

• 그러나 누구인가가 어디에서 증언하여 이르되 사람이 무엇이기에 주께서 그를 생각하시며 인자가 무엇이기에 주께서

그를 돌보시나이까 그를 잠시 동안 천사보다 못하게 하시며 영광과 존귀로 관을 씌우시며 만물을 그 발 아래에 복종하게 하셨느니라 하였으니 만물로 그에게 복종하게 하셨은즉 복종하지 않은 것이 하나도 없어야 하겠으나 지금 우리가 만물이 아직 그에게 복종하고 있는 것을 보지 못하고 오직 우리가 천사들보다 잠시 동안 못하게 하심을 입은 자 곧 죽음의 고난 받으심으로 말미암아 영광과 존귀로 관을 쓰신 예수를 보니 이를 행하심은 하나님의 은혜로 말미암아 모든 사람을 위하여 죽음을 맛보려 하심이라(히 2:6-9).

오! 하나님, 당신께서는 그리스도를 통해 제게 오고 계심을 알게 되었습니다. 예수님은 보이지 않는 하나님이 인격으로 제게 다가오시는 분이십니다. 저는 그분이 오시는 길을 막지 않을 것입니다. 오, 하나님! 주님의 어느 한 부분도 놓치고 싶지 않습니다. 제게 오시는 하나님은 바로 제가 나아가고 있는 그리스도 그분이시지 않습니까? 저를 받으소서. 저 또한 주님을 맞아들이겠습니다. 예수님 이름으로 기도합니다. 아멘.

아침 묵상 시간을 위하여

• 새벽 아직도 밝기 전에 예수께서 일어나 나가 한적한 곳으로 가사 거기서 기도하시더니 시몬과 및 그와 함께 있는 자들이 예수의 뒤를 따라가(막 1:35-36).

• 이튿날 그들이 길을 가다가 그 성에 가까이 갔을 그 때에 베드로가 기도하려고 지붕에 올라가니 그 시각은 제 육 시더라(행 10:9).

• 모든 기도와 간구를 하되 항상 성령 안에서 기도하고 이를 위하여 깨어 구하기를 항상 힘쓰며 여러 성도를 위하여 구하라(엡 6:18).

사랑하는 하나님, 내게 육체를 위한 음식이 필요하듯 제게는 주와 함께 하는 침묵이 필요합니다. 이제부터 침묵 시간을 가지겠다고 결심합니다. 제가 영적인 섭취를 줄이게 되면 육신을 위한 음식의 섭취도 줄이겠다는 결단을 하도록 허락하소서. 그래서 영혼이 건강할 때는 몸도 건강하게 하시고 영혼이 약해질 때는 몸도 약해지게 하소서. 영적 훈련을 하기로 결단했으니 그에 합당한 대가를 치르겠습니다. 예수님 이름으로 기도합니다. 아멘.

돕는 자가 되게 도우소서

- 그러므로 이제 그리스도 예수 안에 있는 자에게는 결코 정죄함이 없나니 이는 그리스도 예수 안에 있는 생명의 성령의 법이 죄와 사망의 법에서 너를 해방하였음이라(롬 8:1-2).

- 그러나 언제든지 주께로 돌아가면 그 수건이 벗겨지리라 주는 영이시니 주의 영이 계신 곳에는 자유가 있느니라 우리가 다 수건을 벗은 얼굴로 거울을 보는 것 같이 주의 영광을 보매 그와 같은 형상으로 변화하여 영광에서 영광에 이르니 곧 주의 영으로 말미암음이니라(고후 3:16-18).

- 그리스도께서 우리를 자유롭게 하려고 자유를 주셨으니 그러므로 굳건하게 서서 다시는 종의 멍에를 메지 말라(갈 5:1).

사랑하는 하나님, 내 영혼이 기뻐하며 느끼는 그 감사를 어떻게 말로 다 표현할 수 있겠습니까? "만입이 내게 있으면 그 입 다 가지시고 내 구주 주신 은총을 늘 찬송 하겠네"(찬 23장)라고 찬양 드립니다. 이제 제 감사는 단지 기분에 따라 드리는 찬송이 아니라 인간에게 유익한 침묵의 방식으로도 말할 수 있도록 도우소서. 앞으로 만날 사람에게도 그러하도록 도우시고, 종일토록 저와 함께 하소서. 예수님 이름으로 기도합니다. 아멘.

자아중심적인 사람은 자기 파괴적인 사람이다

- 내게 주신 은혜로 말미암아 너희 각 사람에게 말하노니 마땅히 생각할 그 이상의 생각을 품지 말고 오직 하나님께서 각 사람에게 나누어 주신 믿음의 분량대로 지혜롭게 생각하라(롬 12:3).

- 형제를 사랑하여 서로 우애하고 존경하기를 서로 먼저 하며(롬 12:10).

- 즐거워하는 자들과 함께 즐거워하고 우는 자들과 함께 울라(롬 12:16).

- 간음하지 말라, 살인하지 말라, 도둑질하지 말라, 탐내지 말라 한 것과 그 외에 다른 계명이 있을지라도 네 이웃을 네 자신과 같이 사랑하라 하신 그 말씀 가운데 다 들었느니라 사랑은 이웃에게 악을 행하지 아니하나니 그러므로 사랑은 율법의 완성이니라(롬 13:9-10).

- 너희가 만일 성경에 기록된 대로 네 이웃 사랑하기를 네 몸과 같이 하라 하신 최고의 법을 지키면 잘하는 것이거니와 만일 너희가 사람을 차별하여 대하면 죄를 짓는 것이니 율법이 너희를 범법자로 정죄하리라(약 2:8-9).

사랑하는 하나님, 하나님께서는 당신의 율법을 제 온몸의 세포마다 새겨놓으셨습니다. 그러니 율법을 피해 달아나려고 시도하고 내 어리석음을 가지고 살아갈 수 있다는 생각은 얼마나 어리석은 것인지요! 내 자신의 자아와 전쟁을 하고 결국 당신과도 맞서려 했던 제 어리석음을 용서하소서. 예수님 이름으로 기도합니다. 아멘.

감정의 폭풍을 다스리라

• 그들이 주를 앙망하고 광채를 내었으니 그들의 얼굴은 부끄럽지 아니하리로다(시 34:5).

• 땅의 모든 끝이여 내게로 돌이켜 구원을 받으라 나는 하나님이라 다른 이가 없느니라(사 45:22).

• 가버나움에 이르러 집에 계실새 제자들에게 물으시되 너희가 길에서 서로 토론한 것이 무엇이냐 하시되 그들이 잠잠하니 이는 길에서 서로 누가 크냐 하고 쟁론하였음이라 예수께서 앉으사 열두 제자를 불러서 이르시되 누구든지 첫째가 되고자 하면 뭇 사람의 끝이 되며 뭇 사람을 섬기는 자가 되어야 하리라 하시고(막 9:33-35).

사랑하는 하나님, 저는 잔잔한 바다를 항해하듯 저를 다스릴 수 없습니다. 저는 감정의 폭풍에 휩쓸릴 때가 많습니다. 하나님 나라의 목적에 맞추어 이런 감정을 다스릴 수 있도록 저를 도우소서. 그렇지 않으면 그 제어되지 않은 감정의 폭풍이 나 자신뿐만 아니라 주님과의 관계도 바위에

내동댕이쳐 부숴버릴 것입니다. 이제는 제 자신과 함께 저의 감정도 주님께 복종하겠습니다. 예수님 이름으로 기도합니다. 아멘.

주님께 필요한 존재

- 너희가 육신대로 살면 반드시 죽을 것이로되 영으로써 몸의 행실을 죽이면 살리니 무릇 하나님의 영으로 인도함을 받는 사람은 곧 하나님의 아들이라(롬 8:13-14).

- 우리가 하나님과 함께 일하는 자로서 너희를 권하노니 하나님의 은혜를 헛되이 받지 말라 이르시되 내가 은혜 베풀 때에 너에게 듣고 구원의 날에 너를 도왔다 하셨으니 보라 지금은 은혜 받을 만한 때요 보라 지금은 구원의 날이로다 우리가 이 직분이 비방을 받지 않게 하려고 무엇에든지 아무에게도 거리끼지 않게 하고 오직 모든 일에 하나님의 일꾼으로 자천하여 많이 견디는 것과 환난과 궁핍과 고난과 매 맞음과 갇힘과 난동과 수고로움과 자지 못함과 먹지 못함 가운데서도 깨끗함과 지식과 오래 참음과 자비함과 성령의 감화와 거짓이 없는 사랑과 진리의 말씀과 하나님의 능력으로 의의 무

기를 좌우에 가지고 영광과 욕됨으로 그리했으며 악한 이름과 아름다운 이름으로 그리했느니라 우리는 속이는 자 같으나 참되고 무명한 자 같으나 유명한 자요 죽은 자 같으나 보라 우리가 살아 있고 징계를 받는 자 같으나 죽임을 당하지 아니하고 근심하는 자 같으나 항상 기뻐하고 가난한 자 같으나 많은 사람을 부요하게 하고 아무 것도 없는 자 같으나 모든 것을 가진 자로다(고후 6:1-10).

오! 하나님, 저는 예전에는 열등감이 많은 사람이었습니다. 하지만 이제는 제가 다른 사람들 뿐 아니라 주님께도 필요한 존재임을 알게 되었습니다. 그러니 제가 주님을 실망시키지 않도록 도우소서. 당신으로부터 받을 때에 겸손하게 하시고 또 받은 것을 겸손하게 당신께 드리는 자가 되게 도우소서. 그것이 주님과의 쌍방 통행입니다! 제가 주로부터 받고 또 드리면서 성장하게 하시니 감사합니다. 예수님 이름으로 기도합니다. 아멘.

기도는 숨을 쉴 공기

- 너는 여호와를 기다릴지어다 강하고 담대하며 여호와를 기다릴지어다(시 27:14).

- 여호와 내 하나님이여 내가 주께 부르짖으매 나를 고치셨나이다(시 30:2).

- 예수께서 한 곳에서 기도하시고 마치시매 제자 중 하나가 여짜오되 주여 요한이 자기 제자들에게 기도를 가르친 것과 같이 우리에게도 가르쳐 주옵소서(눅 11:1).

- 그러므로 너희 죄를 서로 고백하며 병이 낫기를 위하여 서로 기도하라 의인의 간구는 역사하는 힘이 큼이니라(약 5:16).

> 은혜로우신 그리스도여, 제게 기도하는 법을 가르쳐주소서. 만약 제가 여기에서 넘어진다면 다른 어떤 곳에서도 쓰러질 것입니다. 마치 빈혈이 있으면 전신에 영향을 미치는 것처럼 말이죠. 제게 기도할 마음과, 기도하기를 사랑하는 마음과 기도하려는 의지를 주옵소서. 기도가 모든 행동의

향기가 되고, 모든 생각의 분위기이며, 내가 숨 쉬는 공기가 되게 하소서. 예수님 이름으로 기도합니다. 아멘.

구별되는 삶

• 불의한 자가 하나님의 나라를 유업으로 받지 못할 줄을 알지 못하느냐 미혹을 받지 말라 음행하는 자나 우상 숭배하는 자나 간음하는 자나 탐색하는 자나 남색하는 자나 도적이나 탐욕을 부리는 자나 술 취하는 자나 모욕하는 자나 속여 빼앗는 자들은 하나님의 나라를 유업으로 받지 못하리라 너희 중에 이와 같은 자들이 있더니 주 예수 그리스도의 이름과 우리 하나님의 성령 안에서 씻음과 거룩함과 의롭다 하심을 받았느니라(고전 6:9-11).

오! 하나님, 저는 낯선 나라에 들어왔습니다. 그 낯선 나라가 제게 온 것처럼 말이죠. 사람들이 저를 다르다고 보고 저도 그들이 저와는 다르다고 인정하는 삶을 살게 도우소서. 왜냐하면 실제로 저는 그들과 다르게 주께 감사하며 살기 때문입니다. 예수님 이름으로 기도합니다. 아멘.

주의 십자가 위에서 죽으리라

• 믿음이 강한 우리는 마땅히 믿음이 약한 자의 약점을 담당하고 자기를 기쁘게 하지 아니할 것이라 우리 각 사람이 이웃을 기쁘게 하되 선을 이루고 덕을 세우도록 할지니라(롬 15:1-2).

• 그가 모든 사람을 대신하여 죽으심은 살아 있는 자들로 하여금 다시는 그들 자신을 위하여 살지 않고 오직 그들을 대신하여 죽었다가 다시 살아나신 이를 위하여 살게 하려 함이라(고후 5:15).

• 각각 자기 일을 돌볼뿐더러 또한 각각 다른 사람들의 일을 돌보아 나의 기쁨을 충만하게 하라(빌 2:4).

오! 그리스도여. 제가 아노니, 인생의 목적은 단순합니다. 주를 따르는 제가 시시한 십자가가 아닌 결단의 십자가로 향하게 하소서. 그 십자가 위에서 제가 죽을 때에, 주의 뜻에 따라 살기 위해 제 자신의 허무한 자아에는 죽게 하소서. 당신의 자유로우면서 강한 자아에 맞춰 살기 위해 내 자신의 가련한 자아에는 죽게 하소서. 이 순간부터 내 인생을 주의 뜻에 맞춰 훈련하도록 도우소서. 예수님 이름으로 기도합니다. 아멘.

부활절 기도

- 그리스도께서 죽은 자 가운데서 다시 살아나셨다 전파되었거늘 너희 중에서 어떤 사람들은 어찌하여 죽은 자 가운데서 부활이 없다 하느냐 만일 죽은 자의 부활이 없으면 그리스도도 다시 살아나지 못하셨으리라 그리스도께서 만일 다시 살아나지 못하셨으면 우리가 전파하는 것도 헛것이요 또 너희 믿음도 헛것이며 또 우리가 하나님의 거짓 증인으로 발견되리니 우리가 하나님이 그리스도를 다시 살리셨다고 증언하였음이라 만일 죽은 자가 다시 살아나는 일이 없으면 하나님이 그리스도를 다시 살리지 아니하셨으리라 만일 죽은 자가 다시 살아나는 일이 없으면 그리스도도 다시 살아나신 일이 없었을 터이요 그리스도께서 다시 살아나신 일이 없으면 너희의 믿음도 헛되고 너희가 여전히 죄 가운데 있을 것이요 또한 그리스도 안에서 잠자는 자도 망하였으리니 만일 그리스도 안에서 우리가 바라는 것이 다만 이 세상의 삶뿐이면

모든 사람 가운데 우리가 더욱 불쌍한 자이리라 그러나 이제 그리스도께서 죽은 자 가운데서 다시 살아나사 잠자는 자들의 첫 열매가 되셨도다(고전 15:12-20).

오! 부활하신 주여, 내 인생의 정원에서 걸으소서. 그리고 그 정원이 영원히 주께 헌신되어, 죄를 지을 장소가 없게 하소서. 그곳은 생명, 영원한 생명의 장소이기에 나는 죽지 않을 것입니다. 왜냐하면 내 정원은 하나님의 정원이기 때문입니다. 생명이 여기에 있으니, 주께 감사드립니다. 예수님 이름으로 기도합니다. 아멘.

스탠리 존스의
간략한 영적 전기

스탠리 존스는 1884년 1월 3일 메릴랜드 주 볼티모어에서 평범하게(그의 말에 따르면) 태어났다. 유년 시절 그는 프레더릭 애브류 감리교회의 주일 학교에 꾸준히 출석했다. 15살이 되던 해 부흥사가 설교 중에 '헌신 초청'을 하자 강대상 앞으로 나아가 이렇게 결단했다.

> 나는 그리스도에게 나 자신을 드렸다. … 하나님 나라의 빗장을 찾아 더듬거리면서 하늘에 계신 내 아버지와 화해를 원했으나, 그 대신 교인이 되었다. … 나는 몇 주 동안 신앙심이 깊어졌다고 느꼈지만, 그것은 점차 희미해졌고 원래 나 자신의 모습 그대로 돌아가고 말았다.(『순례자의 노래』, 26)

17살이 된 스탠리 존스는(그의 친구들의 기억에 의하면) "하나님의 사랑으로 회개의 불이 붙은 알코올 중독자"로 스스로를 부르던 부흥사 로버트 J. 베이트만Robert J. Bateman의 설교를 통해 진정한 영적 회심을 경험했다. 이틀째 저녁 예배의 마지막 순서에 무릎을 꿇고 그리스도를 찾는 기도를 하던 그의 가족에 영적 변화가 일어났다.

그 집회에 가기 전 나는 침대 옆에서 무릎을 꿇고 그때까지 내 인생에 대해 가장 진지한 기도를 드렸다. 그 이후의 내 인생은 모두 이 간단한 기도의 뒤에 있었다. "오 예수님, 오늘 밤 나를 구원하소서." 그러자 주님은 정말 그렇게 하셨다! 한줄기 빛이 내 어둠을 뚫고 들어왔다. 소망이 내 심장에서 용솟음쳤다. 나도 모르게 나는 이렇게 말했다. "주님께서 하실 거야." 이제 나는 그분이 그 일을 하셨다는 것을 믿지만, 다른 사람들이 기도의 제단에서 주님을 발견했다는 이야기를 들었다. 그래서 나는 교회로 가야겠다고 느꼈다. … 다음 순간 나는 교회로 뛰어가고 있는 나 자신을 발견했다. … 나는 그 부흥사가 빨리 설교를 마치기를 학수고대하며 그래서 내가 기도의 제단에 다가갈 수 있기를 기다렸다. 마침내 그가 설교를 끝냈을 때 나는 누구보다 먼저 앞으로 나아갔다. 그러자 아직 무릎을 채 꿇기도 전에 하늘이 내 영을 뚫고 들어왔다. 나는 주의 용납하심과 위로하심 그리고 화해에 둘러싸였다. 나는 내 옆에 있던 남자의 어깨를 꽉 쥐고 흔들며 말했다. "제가 성령을 받았어요." … 그렇다. 나는 예수 그분을 얻었으며, 그분은 나를 얻었다. 우리는 서로를 얻은 것이다. 나는 그분께 소속되었다.(『순례자의 노래』, 22-28)

66년이란 세월이 흐른 후 스탠리는 이 회심 경험을 이렇게 회상했다.

나는 꿇었던 무릎을 펴고 자리에서 일어났다. 세상을 향해 팔을 벌리고 이 경험을 전 세계의 사람들과 나누고 싶었다. … 이것이 바로 씨앗이 된 순간이었다. 앞으로 내 미래는 모두 전도를 향해 압축되었다.(『순례자의 노래』, 28)

그와 같은 반응이 그 시대에 흔한 것이긴 해도, 하나님은 각 개인에 맞춰 독특하고 창의적으로 일하신다는 것을 스탠리 존스는 알게 되었다.

회심에 어떤 표준화된 형태가 있다는 의미는 아니다. 나의 회심은 일반적인 것이었다. … 누구도 정확하게 같지는 않을 것이다. 다만 회심을 경험한 모든 사람들이 중요한 사실을 고백하는데, 그들은 모두 집으로 돌아온 느낌을 받았다고 한다. … 당신이 회심을 하고 그리스도를 주로 알게 되었다면, 당신은 자신을 발견하고 당신의 고향을 찾게 된 것이다.(『순례자의 노래』, 31-32)

'거듭난' 스탠리 존스는 하나님을 향한 자신의 열망이 만족 되었다기보다는 오히려 더 강해졌다는 것을 알게 되었다. 그것은 마치 갓난아기가 커 가며 엄마를 더 찾게 되는 것과 같다. 이 초기의 경험을 두고두고 생각해본 그는 하나님에 대해 더 알고 싶다는 열망은 문화적 배경에 상관없이 모든 사람들에게 존재하며, 그것이 인간 본연의 모습이라는 그의 오래된 믿음을 확인하게 되었다. 그러므로 누구나 하나님에 대한 열심히 있다는 것은 보편적인 진리이며 모든 전도자의 메시지에 기초가 된다.

나는 내가 가진 신앙의 깊이에 대해서는 만족하였지만 더 많은 것을 원했다. … "불만족스럽다는 것이 아니라 영원히 만족되지 못할 것"이라는 것이 나의 기본 태도였다. … 나는 회심은 단번에 영원한 것이지만 점점 더 많은 삶의 영역으로 확대되어 적용될 경험이라고 보았다. 나는 더 많은 것을 추구하였다. 하지만 그것들은 또 다른 어떤 것이 아니라 더 깊고 넓은 경험을 위한 추구였다. 나는 만들어져 가고 있는 그리스도인이었다.(『순례자의 노래』, 41-42)

소그룹 중보의 힘

스탠리 존스가 지역 교회 모임에서 신앙 경험을 한 후였다. 그런 깊은 회심을 했는데도 거의 죄를 지을 뻔 했던 사건이 있었다. 그는 충격을 받고 실망과 함께 고통스러워했다. 그는 중보기도팀에 기도를 요청했다. 그러자 그 모임에 속한 모든 구성원들이 즉각 무릎을 꿇고 기도했다.

그들은 믿음과 사랑으로 나를 다시 하나님의 가슴에 올려주었다. … 내 운명은 그 소그룹의 손에 달려 있었다. … 그때 그 경험에서 기독교 아쉬람(일종의 명상-역주) 운동이라는 아이디어가 태동 되었다.(『순례자의 노래』, 42-43)

중보기도 모임의 영적인 힘을 얻은 것에 더하여, 젊은 스탠리는 영적인 인도자가 된 동료와의 우정도 누리게 되었다. 그러한 영적인 우정 관계가 얼마나 유익한지 그는 이렇게 단정적으로 말했다. "그 어떤 것도 신앙적 우정의 자리를 대체할 수 없다."

스탠리의 경우에, 그 사람은 넬리 로간$^{Nellie\ Logan}$이라는 친애하는 주일학교 교사이자 스탠리 가족의 친구였다. 스탠리 존스의 어머니는 임종을 맞으면서 넬리를 불러 이렇게 말했다고 한다.

> "우리 아들을 당신에게 넘길 테니 그를 위해 나 대신 중보기도를 부탁해요."(『순례자의 노래』, 44)

가난과 시험

젊은 스탠리 존스가 대학을 갈 무렵 그의 아버지가 직장을 잃었다. 그의 가족은 집과 잠을 자던 침대조차 잃게 되었다. 가난은 그가 살아 내야 하는 현실이었다. 스탠리 존스는 일 년을 보험을 팔러 다녔다. 켄터키 주 윌모어에 있는 애즈베리 칼리지$^{Asbury\ College}$에 갈 만큼 돈을 모으자 그는 복음을 전파하라는 하나님의 부름에 순종하기 위한 길을 택했다. 1903년 스탠리는 신자의 삶에서 성령께서 깊이 개입하시는 두 번째 축복을 설명할 수 있는 영적 언어를 배우고 경험하였다. 그 학교의 거룩한 전통에 따라 그는 성경을 배우고 한나 화이트홀 스미스$^{Hannah\ Whitehall\ Smith}$라는 퀘이커 교도가 쓴 『행복한 삶을 위한 그리스도인의 비밀$^{The\ Christian's\ Secret\ of\ a\ Happy\ Life}$』을 읽었다. 그러한 영적 자원의 인도를 받은 스탠리 존스는 성령을 더 깊게 경험하고 하나님께 자신을 더 온전하게 헌신할 필요를 각성하게 되었다.

몇 년이 지나 성숙한 스탠리 존스는 이 새 회심의 수준으로도 "자아, 성 그리고 무리"에 관련된 인간의 본능적 욕망을 완전히 지울 수 없다는 것을 알게 되었다. 정화되고 신성하게 되고 조화롭게 된 그 욕망들은 하나님의 좋은 선물로, 단지 창조 명령에 따라 원래 그것들이 마땅히 있을 곳으로 복구된 것일 뿐이었다.

인도, 결혼 그리고 실패

학교를 졸업한 스탠리 존스는 아프리카 선교지로 부임할 것이라 내심 기대하고 있었다. 하지만 선교이사회는 그에게 인도로 가라는 지시를 내렸다. 그는 인생의 새 장을 열기 위한 은혜와 인도를 간구했고, 성령은 모든 문화와 관습 이면의 모든 인간은 하나이며, 그들의 필요도 마찬가지로 하나라는 것을 그가 볼 수 있게 하셨다. 모든 사람은 사랑과 용납됨과 하나님과의 진정한 관계를 필요로 한다. 그것이 바로 스탠리 존스가 '회심'으로 이해했던 것이다.

1910년 스탠리 존스는 루크나우의 여자대학에서 선교 교사로 일하던 메이벨 로싱$^{Mabel\ Lossing}$과 결혼했다. 그들은 50마일 떨어진 시타푸르에 가정을 마련했고, 그곳에서 40년을 살았다. 1914년 그들의 첫째 아이 유니스가 태어났다. 다음 해 스탠리는 맹장이 파열되었는데 수술할 수 조차 없어서 고생했다. 병으로 인한 고통은 가정과 사역 모두에서 자꾸만 커져가는 책임감과 스트레스가 배가되었다.

그가 처음 담당했던 구역은 인구가 백만 명 이상이었다. 이번에는 다른 지역이 더 할당되었고, 또 다른 지역을 맡게 되어 결국 루크나우의 감리교 출판사와 4개의 지역을 담당하게 되었다.

그 모든 책임과 스트레스와 신체적인 고통이 그가 감당하기에 너무 컸다. 그는 신체적으로나 영적으로 피폐해졌다. 주변에 있는 사람들이 모두 다 그의 고통을 알 정도

였고, 보다 못해 미국으로 돌아가라는 지시가 내려졌다. 선교지에서 일한 지 8년 반 만이었다. 하지만 임시 휴가가 끝났어도 스탠리 존스는 아직 인도로 돌아갈 준비가 되어 있지 않았다. 그럼에도 그의 상관들은 그에게 돌아가야 한다고 지시했다. 인도로 돌아간 그의 건강과 정신은 다시 악화되었다. 그는 휴식과 기도를 하기 위해 두 번이나 산으로 갔다. 이 기간 동안 그를 관찰했던 사람들은 이렇게 허약한 남자가 20세기의 가장 영향력 있는 전도자 중 한 사람이 될 것이라는 것은 거의 믿지 못했을 것이다.

순종, 치유와 변화

스탠리 존스가 육신과 영적으로 가장 최악의 상태였을 때, 하나님이 그에게 오셨다.

하나님은 내게 말씀하셨다. "너는 내가 너를 불렀던 그 일을 할 준비가 되어 있니?" 내가 답했다. "아니요, 주님. 저는 끝장났습니다. 이제 제가 가진 자원은 다 써 버렸어요. 더 이상 못하겠어요." "만약 네가 그 문제를 내게 넘기고 그에 대해 걱정하지 않는다면 내가 그 문제를 해결해 주마." 나는 기뻐서 답했다. "주님, 바로 여기서 거래가 성사된 것으로 할게요." 나는 무릎을 펴고 일어서면서 이제 내가 건강한 사람이라는 것을 알았다.(『순례자의 노래』, 89)

스탠리의 치유는 육체적인 것 이상이었다. 그의 전 인격, 몸과 정신 그리고 영혼이 치유되었다. 존스는 이제 어느 곳에서나 발견할 수 있는 모든 선한 것과 모든 진리를 자유롭게 탐색하여 적절히 활용할 수 있게 되었다. 그가 예수 그리스도라는 진리에 속하였기 때문이었다.

손쉬운 답과 언제나 즉각적인 하나님의 응답을 얻기를 바라며 기도하는 독자들은 스탠리 존스의 이러한 영적 자서전에 마음이 편치 않을지도 모르겠다. 어떤 독자들은 때로는 그의 정직성과 연약함이 불만일 수도 있을 것이다. 그의 영적 일기는 그 당시의 부흥주의에서 나타났던 형태나 오순절 성결운동의 전통에는 맞지 않았다. 그 대신 스탠리 존스는 자신의 신체적, 감정적, 영적 연약함을 더 높으신 힘에 자신을 연결하고 좀 더 선교에 집중하는 방법으로 사용했다.

성경에도 기록된, '예수가 주님이시다'라는 초기 그리스도인들의 고백은 스탠리 존스의 기본 신앙 고백이 되었다. 그는 입술로 이렇게 자신의 믿음을 확증함으로써 하나님의 부르심에 대한 응답하기에 필요한 용기와 확신을 얻을 수 있었다. 그는 대중 강연과 원탁회의 그리고 아쉬람 기독교 수양 운동을 통해 인도의 교육과 정치 지도자들과 활발하게 교류하였다.

한 남자의 영향력

스탠리 존스의 인도 선교는 감리교$^{\text{Methodist Episcopal Church}}$의 지원을 입어 23세의 나이였던 1907년에 시작되었다. 그의 사명은 루크나우에서 감리교의 영어 설교 목회자로 섬기는 것, 그리고 감리교 출판사를 경영하는 것이었다. 1930년대 말이 되자 그의 설교 사역은 이라크와 팔레스타인, 이집트 그리고 중동의 다른 지역뿐만 아니라 버마, 말레이시아, 필리핀, 중국, 싱가포르에까지 확대되었다.

인도에서 사역하는 동안 스탠리 존스는 일에서 잠시 시간을 내어 구루(신성한 교육자를 지칭한다 – 옮긴이주)의 발치에 앉아 아쉬람 명상의 가치를 깨닫게 되었다. 아쉬람^{ashram}이라는 말은 '부터'라는 뜻을 가진 산스크리트어로, 슈람^{shram}은 '힘든 일'이라는 뜻이다. 그러니까 아쉬람은 선생님의 가르침을 받기 위해 힘든 노동에서 잠시 물러나는 것이다. 스탠리는 인도에 기독교를 현지화하기 위해 일하는 한편, 자신의 경험을 바탕으로 간디의 아슈람을 모델로 하는 기독교 아슈람 운동을 전개했다. 스탠리 존스는 그 아슈람이 예수 그리스도를 스승으로 모시는 작은 모형, 하나님 나라가 되도록 예수님에게 초점을 맞춘 공동체로 만들려 했다.

1930년 존스는 종교를 초월하여 모든 종교인들과 심지어 종교가 없는 이들까지도 예수님의 발 아래로 모일 수 있는 기독교 아슈람을 시작하였다. 그곳에 들어온 이들은 문에다 모든 지위와 직업의 상징을 벗어 두고 이름만으로 불리며 서로를 형제와 자매로 호칭하였다. 스탠리 존스 목사는 스탠리 형제로 불렸다. 기독교 아쉬람은 하루 24시간을 쉼 없이 드려지는 기도로 든든히 밑받침되었다. 아슈람에 온 사람들이 기도 훈련을 하도록 스탠리 형제는 하루에 한 장씩 읽을 수 있는 경건 서적들을 저술하기 시작했다. 각 장에는 하루를 시작하는 제목을 달고 그에 맞춰 읽을 성경 구절과 함께 영적 묵상이나 명상을 덧붙이고 마지막은 성령의 인도를 간구하는 기도로 마치게 했다.

스탠리 존스는 평생 동안 28권의 책을 펴냈으며, 그중 2권은 백만 권이 넘게 팔려 나갔다. 1938년 「타임」지는 그를 "세계에서 가장 위대한 선교사"라고 지칭했다. 1964년 판에서 그 잡지의 편집자들은 기독교 선교 사역에서 존스에 견줄 만한 사람은 오직 빌리 그래함 목사밖에 없다고 말했다.

라인홀드 니버Reinhold Niebuhr는 스탠리 존스를 그의 시대에서 가장 위대한 성인 중 한 명으로 꼽았다. 1962년 존스는 노벨 평화상에 지명되기도 했으며, 1963년에는 간디 평화상을 수상했다. 그는 루즈벨트와 아이젠하워 대통령, 맥아더 장군과 존 포스터 둘레스뿐만 아니라 일본 황제 히로히토까지 자주 만나고 서신을 교환하였다.

그가 속했던 감리교 전통 아래에서는 1928년 주교로 선출되었으나, 밤새 기도를 한 그는 선출된 그 다음날 아침에 사양했다. 좀 더 넓은 에큐메니칼 공동체 안에 속한 선교이사회와 세계교회협의회National Council of Churches의 지도자들도 스탠리 존스에게 자주 자문을 구해 왔다.

스탠리 존스는 일찌감치 인도의 독립운동을 전폭적으로 지지했으며 그로 인해 몇 년 동안 인도에서 추방을 당하기도 했다. 영국의 통치에서 인도의 자유를 얻도록 지원하는 일에 더해, 스탠리는 또한 미국에서의 인종분리정책을 반대하고 비판하는 발언도 서슴지 않았다. 사실 그의 긴 공적 활동을 통해 스탠리는 다른 어떤 정치적인 주제 보다는 인종적 편견에 관한 문제에 대해 더 자주 더 열정적으로 목소리를 내었다.

스탠리 존스는 인도, 그 나라와 그 민족에 대해 깊고 진정어린 사랑을 가지고 있었다. 인도도 스탠리 형제를 사랑했다. 많은 지도자들이 그를 '입양한 아들'로 부르게 되었다. 그는 마하트마 간디의 친구였으며, 간디가 암살당하자 그 사건을 예수님의 십자가 사건 이래로 가장 큰 비극이라고 일컫기도 했다. 1947년 간디가 죽은 바로 다음, 존스는 그 두 사람의 우정에 관한 책을 써 달라는 출판사의 요청을 받았다.

그의 자서전, 『순례자의 노래$^{A\ Song\ of\ Ascents}$』에서 존스는 이 책이 마틴 루터 킹 목사에게 끼친 영향에 대해 언급한다.

> 나는 내 책 『마하트마 간디 해설$^{Mahatma\ Gandhi,\ an\ Interpretation}$』이 실패한 책이라고 생각했다. 서구 세계는 이 책에도 불구하고 전혀 군비 확충을 줄이려는 의지가 없어 보였다. 하지만 마틴 루터 킹 목사를 만났을 때 그의 말을 듣고 생각이 달라졌다. "비폭력 비협조라는 아이디어가 처음 꿈틀거리게 된 것은 바로 간디에 관한 주교님의 책 덕분이었습니다. … 우리는 우리의 운동을 폭력에서 비폭력으로 전면으로 전환할 것입니다. 우리는 고난을 일으키는 다른 사람의 힘에 대항하기 위해 기꺼이 고난을 받는 능력을 키울 것이며, 물리

적인 힘에는 영혼의 힘으로 맞설 것입니다. 그리고 우리는 선의로 적에게 무릎을 꿇릴 것입니다."(259-260)

기도는 스탠리 존스를 지탱시켜 주었을 뿐 아니라 그를 하나님께로 끌어당긴 것이기도 했다. 그는 날마다 자신의 열정을 하나님의 열정에, 자신의 뜻을 하나님의 뜻에 맞추려는 노력으로 하나님께 귀를 기울였다.

긴 선교 사역에서 놀라우리만큼 활발했던 스탠리 존스의 삶은, 일일이 다 열거할 수도 없이 많은 사건과 성취들이 복잡한 거미줄처럼 얽혀 있지만 그것을 관통하는 단 하나의 단순한 줄이 있다. 그것은 그의 영적 투명성이다. 그는 성품에서 예수 그리스도가 살아 계신 분임을 드러냈으며, 그로 인해 사람들은 하나님과의 친밀한 관계로 나아가게 되었다.

기도는 우리가 하나님께로 가는 채널이다. 기도가 스탠리 존스를 평생 헌신하게 하였으며, 기도는 또한 우리도 그렇게 하게 할 것이다.

그리스도인의
영적 일기

그리스도인에게는 시간이 가도 변함없이 유익을 주는 경건 훈련이 있다. '기도 일기'나 '영적 노트'가 그것이다. 아래는 당신이 그 일을 시작할 수 있게 도울 몇 가지 아이디어들이다.

1단계
당신의 일기는 신성한 것이며, 나 자신만을 위한 문서라는 것을 명심하라. 오직 당신만 보는 일기가 될 것이다. 때로는 기도와 묵상을 통해 당신에게 들어온 통찰을 다른 사람과 나누기도 하겠지만, 그것도 정말 오로지 당신의 결정에만 달려 있다.

2단계

글쓰기에 관한 모든 두려움이나 염려 따위는 옆으로 밀쳐두라. 내 일기는 온갖 종류의 단어와 구절과 그림이나 사진들이 뒤섞여 있다. 거기에 색을 칠하거나 낙서를 하기도 한다. 쓸 만한 문장들이나 글도 약간 있지만 문학 작품이라기보다는 그냥 떠오르는 생각과 감정, 아이디어나 통찰의 기록일 뿐이다. 어느 것이 당신에게 잘 맞는지는 스스로 알아가게 될 것이다. 영적 일기를 적는 가장 핵심은 날마다 시간을 투자하여 당신의 손이 가는 대로 당신의 생각과 감정에 대한 다양한 표현을 통해 새로운 통찰로 이끌어 가도록 두는 것이다. 그러한 일기 쓰기는 당신이 좌뇌와 우뇌의 능력을 모두 사용하게 만든다.

3단계

순수한 배움의 열망을 안고 신시하게 훈련에 임하라. 영직 일기의 교사인 앤 브로일스$^{Anne\ Broyles}$는 영적 일기가 자신의 생각을 종이에 옮겨 적는 과정이라고 말한다. 종종 글을 쓰는 그 과정 자체가 새롭고 창조적인 통찰을 일어나게 한다. 브로일스는 또 우리에게 영적 일기를 쓰면 시간의 흐름에 따른 자신의 성장을 확인하는데 도움이 된다는 점을 일깨운

다. 쉽게 잊고 마는 우리의 기억력으로는 의미 있는 사건과 경험을 다 간직할 수 없을 것이다. 구체적인 감정이나 불현듯 태동되는 창조적인 생각의 연결들은 기록해 두지 않으면 2주만 지나도 제대로 기억할 수 없게 된다.

4단계

일기에 사용할 노트를 구매하라. 간단한 스프링 노트이거나 두터운 양장제본의 아름다운 일기장이나 어떤 것이든 상관없다. 하지만 적어도 패드 형식이나 메모지 이상의 좀 더 영구적인 제본으로 된 노트가 좋을 것이다. 또 손에 잡았을 때 감촉이 좋고 잘 써지는 연필이나 펜도 정해 두라.

5단계

성령님이 당신을 도우시도록 초대하라. 주위에 노트와 펜을 두고 매일 훈련을 시작하라. 떠오르는 생각은 시간에 구애 없이 언제든지 기록하라. 주제에 벗어난다 싶은 이야기라도 떠오르는 대로 적으라. 처음에는 그 과정이 어색하게 느껴질 수 있다. 하지만 시간이 지나면 점점 더 쉬워질 것이며, 그 가치는 더욱 선명해진다.

6단계

각 페이지마다 그날의 날짜를 표시하라. 새 날이 되면 페이지도 새 페이지가 된다. 성령은 우리의 의식과 무의식에 찾아오신다. 하나님은 모든 생명 안에 존재하시기 때문이다. 때로 하나님의 개입하심이 분명히 느껴질 것이다. 구체적인 기도의 응답을 통해서나 겉보기에는 불가능한 상황에 하나님의 개입이 있을 때, 또는 가장 적절한 순간에 느껴지는 내면의 힘이 그런 것들이다. 그렇지 않은 때에는 우리의 삶을 뒤돌아보는 시간을 가져야만 하나님이 개입하셨음을 뒤늦게 인식하게 되는 경우도 있다.

7단계

항상 정직하라. 일기를 쓰는 것은 영적 훈련이다. 다른 사람들이 어떻게 생각할까 염려하여 조심스레 말을 골라 쓸 필요가 없다. 당신의 일기는 당신에 대한 하나님의 사랑의 깊이와 하나님의 사랑을 받는 자녀라는 진정한 당신의 정체성을 발견하게 도울 것이다. 죄의식, 수치 그리고 스스로에 대한 비난은 그 길을 막아선다. 일기를 쓰는 일은 당신이 누구인지 그리고 당신의 삶에서 하나님은 어떤 분이신지를 더 깊이 드러나게 한다. 영적 일기를 쓰다보면 당신을 지으시고 무조건적으로 당신을 사랑하시는 그분의 용납하심을 느끼게 된다. 글쓰기가 제대로 되었는지 혹은 맞춤법이나 띄어쓰기가 틀리지 않았는지는 문제가 아니다. 하나님의 자녀인 당신은 무한히 가치 있는 사람이다. 그런 당신이 쓰는 글은 특별하며 중요하다. 당신이 일기를 쓰면 쓸수록 당신은 말을 종이에 옮기는 과정이 더욱 편안하게 느껴질 것이다.

8단계

당신 자신과 당신의 시간에 충실하라. 구체적인 기도 시간과 영적 훈련 시간을 정해 두는 게 좋다는 것이 대부분 사람들의 의견이다. 어떤 사람은 아침형 인간이라 아침 일찍 일어나서 조용한 시간에 작업하는 것이 가장 좋다고 한다. 또 어떤 사람은 저녁형 인간이라 저녁에 가지는 경건의 시간이 가장 효과가 좋다고 한다. 심지어 어떤 경우에는 한낮에 기도하고 묵상하는 시간을 가질 수도 있다. 시간과 때의 문제는 매일 영적 훈련을 하겠다는 약속을 지키는 것보다 중요하지 않다.

마지막 조언

방해되는 생각이 있다면 (누구에게나 그런 때가 생긴다) 억지로 그 생각에서 벗어나려 하지 말라. 그냥 다른 종이에 그것들을 적으라. 그 다음에 하나님과의 시간으로 돌아가라.

  어떤 날은 기도하고 묵상하는 것이 어렵거나 불가능하게 느껴질 것이다. 또 어떤 날은 하나님과의 시간을 학수고대하게 될 지도 모른다. 이것은 인간의 자연적인 리듬의 일부이다. 예수님은 바로 지금 이 순간에도 당신을 위해 기도하고 계시며 성령은 당신에게 기도하기를 가르치기를 간절히 원하신다. 당신은 그냥 정기적으로 배우겠다는 마음의 준비만을 가지고 참여하면 된다.
  우리, 당신과 나 그리고 성령이 이 일에 함께 동참하고 있다.
  주여, 우리에게 기도를 가르쳐주소서!

― 톰 앨빈

지은이_**E. 스탠리 존스**(E. Stanley Jones, 1884-1973)

스탠리 존스는 1884년, 미국 동부의 메릴랜드주 볼티모어에서 태어났다. 애즈베리 대학에서 졸업한 뒤, 1907년 스물넷의 나이에 미국 감리교 선교국으로부터 인도 선교사로 파송받아 평생 사역했다. 1920년대 초반, 그는 마하트마 간디, 타고르 등과 함께 아슈람(Ashram) 운동에 참여했으며, 1930년대부터는 기독교 아슈람 운동을 펼치며 간디의 정신적 지도력을 바탕으로 한 크리스타그라하(Kristagraha) 운동을 전개했다. 그리고 1940년 미국 뉴욕 시에 할렘 아슈람을 세우면서 그의 기독교 아슈람 운동은 인도를 넘어 미국과 유럽 등 여러 국가들로 퍼져 나갔다.

1938년 12월 12일 자 「타임」지는 스탠리 존스를 '세계에서 가장 위대한 선교사'로 소개했고, 「크리스천 센츄리」는 그를 '가장 신뢰받는 선교학 전문가'로, 미국의 감리교는 '사도 바울 이후 가장 위대한 기독교 선교사'로 평가했다. 1961년에는 '간디 평화상'을 수상했으며, 인도 독립운동과 연관된 활동과 제2차 세계대전 중에 펼친 평화활동 등으로 두 차례 노벨평화상 후보로 지명되기도 했다. 그는 철저한 복음주의자로 살면서도 열린 마음으로 인도인들에게 다가갔으며, 그들의 문화와 전통을 존중하면서도, 유일하신 예수 그리스도의 복음을 효과적으로 전했던 인물이었다.

주석_**톰 앨빈**(Tom Albin)

어퍼룸 미니스트리즈(Upper Room Ministries)의 학장이자 아슈람공동체(United Christian Ashram International)의 이사로 섬기고 있다.

그는 미국 캔사스주의 시골 마을에서 4자녀의 장남으로 태어나 풀러 신학교를 거쳐 캠브리지에서 박사학위를 받았다.

청년부 목회자로 하나님의 목회 사역에 대한 부름에 응답하였으며, 이후 연합감리교회의 감독 및 다수의 교회를 섬겼으며, 여러 신학교에서 가르쳤다. 1999년에 어퍼룸 미니스트리즈에 합류한 후 계속해서 영성 훈련자료와 프로그램을 개발하고 있다. 그는 영성 신학, 웨슬리 연구와 역사신학과 선교 그리고 전도 분야에서 현재 설교자이자 교사로서, 그리고 영성 워크숍 지도자로 활발히 활동하고 있다.

옮긴이_임신희

한국외국어대학교 중국어과, 연세대학교 경영대학원을 졸업하고, 기독교 서적 전문 번역가로 활동하고 있다. 전자책 전문 출판사 인사이트브리즈 대표이다. 옮긴 책으로는 『신이 내린 사랑』(아바서원), 『하나님이 주목하시는 낮은 마음』(두란노), 『가정이 최고의 학교다』(예영) 등이 있다.

어떻게 기도할 것인가

발행일 2018년 4월 10일 초판 1쇄

지은이 E. 스탠리 존스
주석 톰 앨빈
옮긴이 임신희
펴낸이 황성연
펴낸곳 글샘출판사
마케팅 이숙희 · 최기원
관리부 이은성 · 한승복
교정 · 교열 석윤숙 · 이동식
등록번호 제8-0856
주소 서울특별시 중랑구 망우로 192 성신빌딩
총판 하늘물류센터
전화 (031)947-7777
팩스 (0505)365-0691
ISBN 978-89-91358-53-9 03230

* 잘못된 책은 바꾸어 드립니다.
* 책값은 뒤표지에 있습니다.